U0452375

给孩子的
小岛经济学

［西］劳拉·马斯卡罗 著 ［西］坎德拉·弗兰德斯 绘 闫立 译

¿DÓNDE CRECE
EL DINERO?

·长沙·

Orignal title: Dónde crece el dinero
© 2019, Laura Mascaró for the text
© 2019, Candela Ferrández for the illustrations
© 2019, Penguin Random House Grupo Editorial, S.A.U., Travessera de Gràcia, 47-49. 08021 Barcelona
The Simplified Chinese translation rights arranged through Rightol Media（本书中文简体版权经由锐拓传媒旗下小锐取得 email: copyright@rightol.com）

© 中南博集天卷文化传媒有限公司。本书版权受法律保护。未经权利人许可，任何人不得以任何方式使用本书包括正文、插图、封面、版式等任何部分内容，违者将受到法律制裁。

著作权合同登记号：图字 18-2021-271

图书在版编目（CIP）数据

给孩子的小岛经济学 /（西）劳拉·马斯卡罗著；
（西）坎德拉·弗兰德斯绘；闫立译 . -- 长沙：湖南少
年儿童出版社，2022.2
ISBN 978-7-5562-6303-5

Ⅰ. ①给… Ⅱ. ①劳… ②坎… ③闫… Ⅲ. ①经济学
－少儿读物 Ⅳ. ① F0-49

中国版本图书馆 CIP 数据核字（2022）第 003492 号

GEI HAIZI DE XIAODAO JINGJIXUE
给孩子的小岛经济学

[西]劳拉·马斯卡罗 著　　[西]坎德拉·弗兰德斯 绘
闫立 译

责任编辑：唐 凌　李 炜
策划出品：小博集
策划编辑：蔡文婷
特约编辑：王佳怡
营销编辑：付 佳　付聪颖　周 然
版权支持：刘子一
封面设计：主语设计
版式设计：李 洁
内文排版：百朗文化

出 版 人：刘星保
出　　版：湖南少年儿童出版社
地　　址：湖南省长沙市晚报大道89号
邮　　编：410016
电　　话：0731-82196340（销售部）　0731-82194891（总编室）
传　　真：0731-82199308（销售部）　0731-82196330（综合管理部）
常年法律顾问：湖南崇民律师事务所　柳成柱律师
经　　销：新华书店
印　　刷：北京天宇万达印刷有限公司
开　　本：875 mm × 1270 mm　1/32
印　　张：5
版　　次：2022 年 2 月第 1 版
印　　次：2022 年 2 月第 1 次印刷
书　　号：ISBN 978-7-5562-6303-5
定　　价：35.00 元

若有质量问题，请致电质量监督电话：010-59096394
团购电话：010-59320018

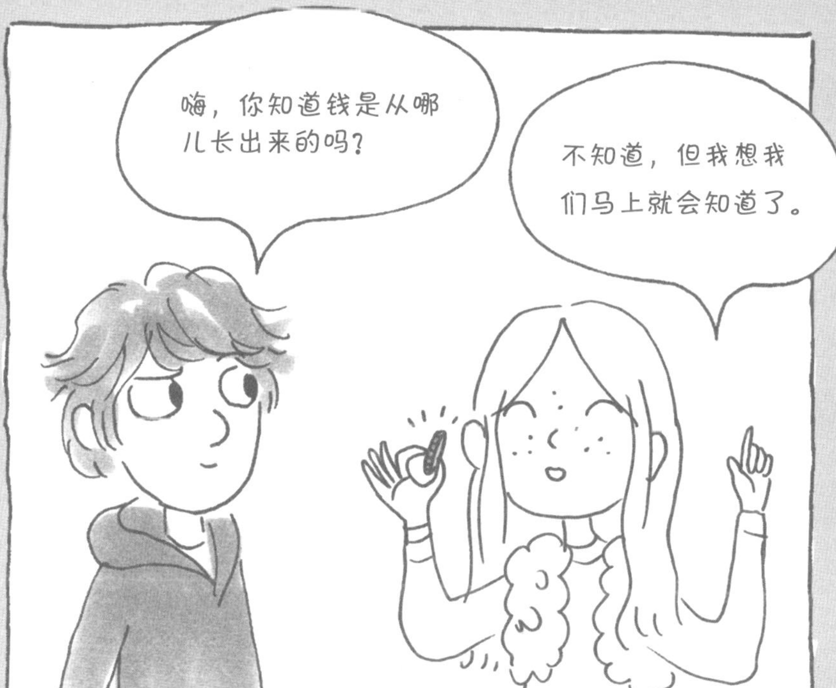
嗨，你知道钱是从哪儿长出来的吗？
不知道，但我想我们马上就会知道了。

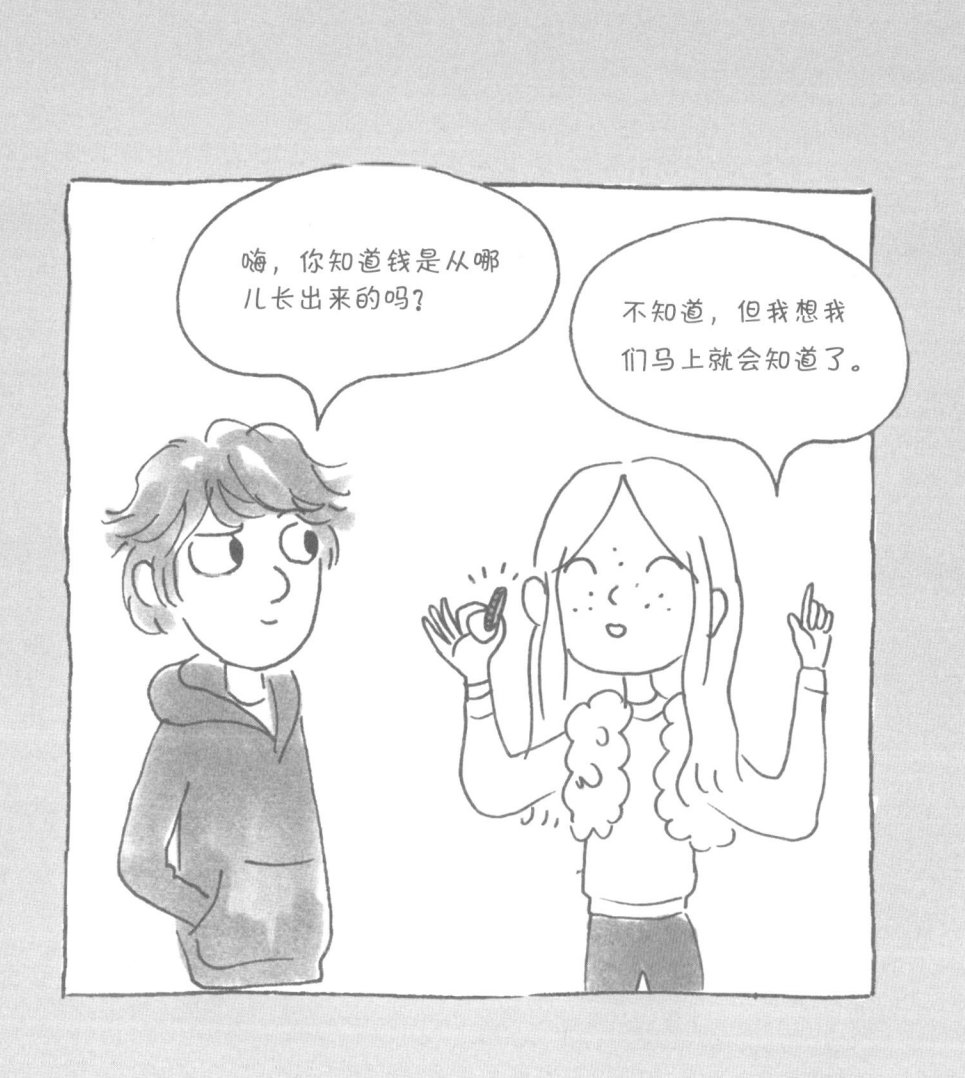

目 录
Contents

1. 不捕鱼就没饭吃 .1
2. 货币不仅仅是一种东西 .17
3. 公平的价格 .29
4. 经济中的人类活动 .49
5. 你不知道吗? .61
6. 糖果测试 .71
7. 负责任的消费 .79
8. 现在怎么办呢? .87
9. 没有老板的工作是可能的! .105
10. 钱是从哪儿长出来的呢? .117
11. 来做练习吧! .129
12. 答案 .143

·1·
不捕鱼就没饭吃

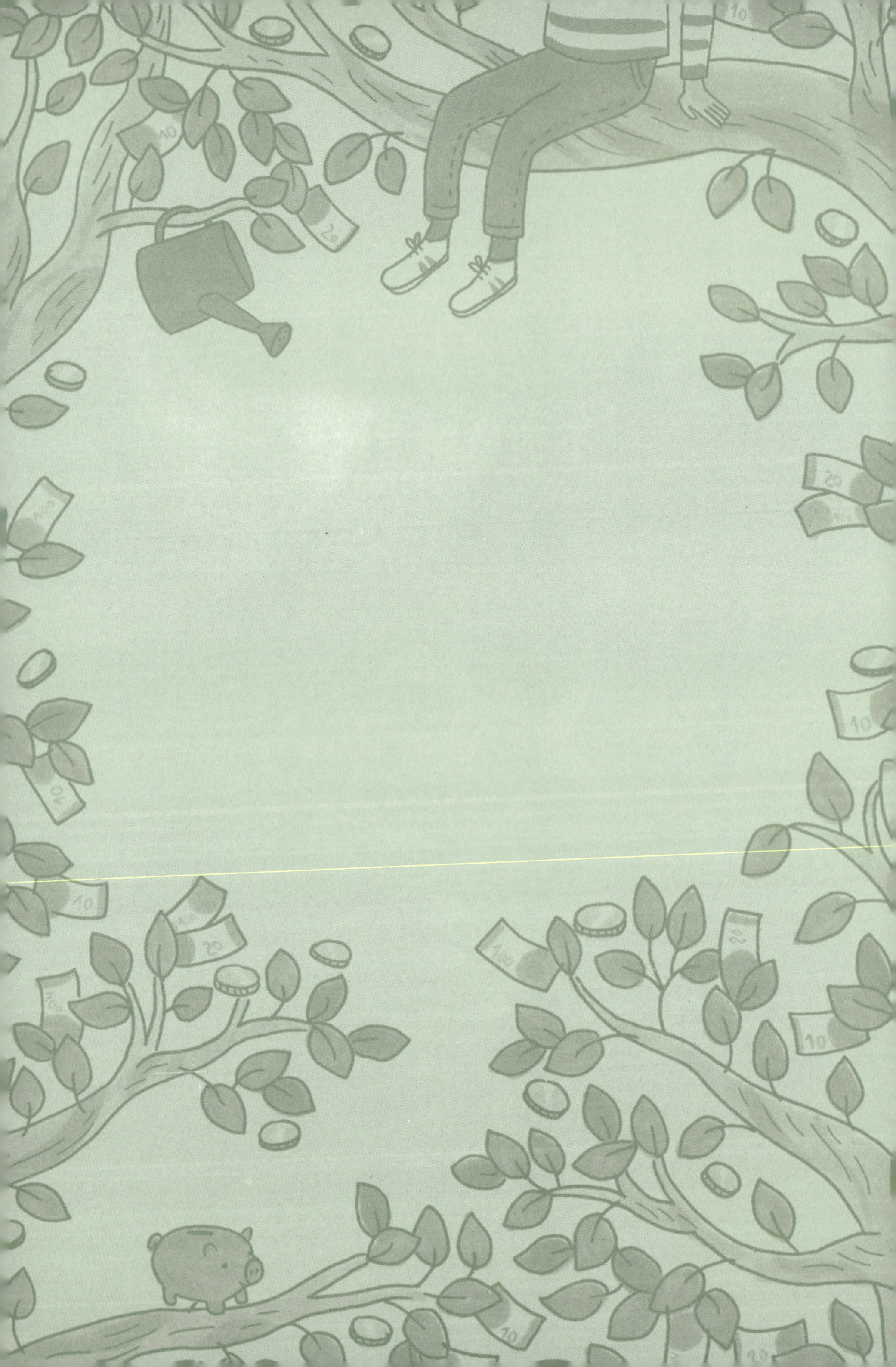

.1.

萨穆埃尔是一个小男孩,他生活在一个阳光充足的小岛上,那里永远都是夏天。

每天早上,一些大人会到海边,徒手去抓被潮水冲上岸的鱼。同时,其他人则收集用于生火的小树枝,并从河里取可以饮用的水。

到了下午,他们煮鱼、吃饭、休息。

这就是他们在太阳岛上的简单生活。

但萨穆埃尔觉得捕鱼非常无聊。他想当冒险家。冒险家老尼古拉斯说过，岛的北部还有其他村庄，海上还有许多其他的岛屿。

萨穆埃尔想了解那些岛屿，看看当地的居民是如何生活的。"他们的生活肯定比每天早上出去捕鱼更刺激。"他想。

当他8岁时，父亲告诉他是时候开始工作了。他开始每天早上都和父亲去到海滩。

在没过膝盖的水里，萨穆埃尔一边尝试着捕鱼，一边幻想着去异国他乡旅行。

但捕鱼可没有看起来那么容易，许多天他都心灰意冷地空手而归。渔民们一天都不能偷懒，因为如果不捕鱼，他们就没有东西吃，而食物又是必需的！经过几个星期每天最多只能抓到1条鱼的艰苦工作后，萨穆埃尔开始抱怨起来。

"一定有其他的方法。"他沮丧地说。

"我们一直以来都是这样，没有别的方法。"老人们说，"你练习了，就会进步。没有人能在8岁的时候就一天抓到3条鱼。"

但萨穆埃尔一直在思考。当他走到海滩上，双脚站在水里时，他专心地做自己的事情。但当在回家的路上，拎着装有鱼的水桶时，他一直在思考如何以更少的力气捕获更多的鱼。

他相信一定有另一种方法可以做到……

但是他完全不知道该如何去做。

> 如果我能一次抓到6条而不是3条鱼，而且可以养着它们的话，那我第二天就不用工作，而是可以玩上一整天。

大人们每天能捕到 3 条鱼，或者，如果他们幸运的话，一天可以捕到 4 条鱼。但他们每天早上还是会下海，因为……

"不捕鱼就没饭吃。"

（德高望重的老人们总是喋喋不休地重复这句话。）

有一天，萨穆埃尔决定去拜访冒险家老尼古拉斯，听他讲述年轻时的旅行经历。

虽然没有人相信，但老尼古拉斯过去常说："在北方有一个和我们一样的渔村，村里人下海时会用到小工具，能在更短的时间内捕获更多的鱼。"

我就知道！

萨穆埃尔早就猜到还有其他的捕鱼方式，现在他终于找到了。他请老尼古拉斯讲讲他们是如何做到的。

老人告诉了他关于船只、渔网，用于制作它们的工具以及如何使用的事情。

萨穆埃尔决定也要试着这样做。

"小心点，孩子，"老尼古拉斯对他说，"没人会把你当回事的。"

但由于萨穆埃尔非常坚定，甚至态度有些强硬，所以大人们听了听他的计划。

疯狂的 萨穆埃尔计划

1. 制作一艘小船
2. 制作一张渔网

"我估计需要花 30 天的时间来完成这个计划,但在这段时间里,我还是需要带鱼回家……那我怎样才能做到这一点呢?"

在考虑了很久之后,他有了一个绝妙的想法,于是他去和岛上的渔民们谈了一笔交易。

> 我已经学会了捕鱼,并且每天可以捕到家里需要的 3 条鱼。那么 1 个月就有 90 条鱼。如果你们借给我 90 条鱼,我就可以用这 30 天的时间来制作船和渔网。这会是一笔贷款。1 个月之后,我承诺会还给你们 180 条鱼。

你觉得萨穆埃尔会如何遵守协议中他的承诺呢?在继续阅读之前,在这里写下你的答案。(请注意,不要翻页,试着想出一个解决方案……接下来你会读到答案的。)

解决方案

有了这借来的 90 条鱼,萨穆埃尔就有了全家人 30 天的食物。在此期间,他将按照冒险家老尼古拉斯的说明制作一艘船和一张渔网。

萨穆埃尔估计,用渔网捕鱼的方式,他每天可以捕到至少 30 条鱼。6 天后,他将捕到他该还的 180 条鱼。

为什么以前没有人试过?

渔民们觉得既好笑又怀疑,他们接受了这笔交易(尽管他们认为这是一个疯狂的想法,并默认那 90 条鱼已经打水漂了)。于是萨穆埃尔去拜访老尼古拉斯,希望后者能详细地告诉他如何制作船只和渔网。

他全神贯注,问了许多问题以便更好地理解,然后花了几天时间制订计划,寻找合适的木材和绳索,并制作他需要的工具。

令许多人惊讶的是,萨穆埃尔的计划成功了。他制作了一艘船和一张渔网,这不仅能够带回他需要偿还的鱼,而且永远改变了小岛这一地区的经济。

哎呀！

停

等等，你刚才说"经济"？

对！

可是经济不是关于钱吗？

不！

"经济" 一词源自希腊词汇"oikonomos"，意思是"管理家庭财产"。如今，当我们谈论"经济"时，通常指的是货币，但这个词的起源与所有资源的组织有关，比如工作和时间。

萨穆埃尔懂得了花时间和精力制作用于生产的工具，是很划算的。他的目标是捕鱼，这是村子里的人已经在做的事情，所以原本没有必要制作任何东西。但他坚信花时间制作船和渔网是值得的，因为如果他做好了这些，将来的工作就会更轻松。

这就是经济学中所说的**"中间产品"**，即它不是你想要的最终产品，却是允许你获得最终产品的工具。

优势： 你获得了更高的技术生产力。也就是说，你可以生产更多、更好的商品。在渔民的这个案例中，他们能够花费更少的力气，每天捕获更多的鱼。

劣势： 它需要时间，而且你必须牺牲其他东西。对萨穆埃尔而言，他不得不在家待整整1个月，在这期间不能去捕鱼。这也是他需要贷款的原因。

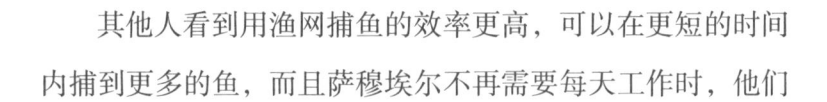

其他人看到用渔网捕鱼的效率更高，可以在更短的时间内捕到更多的鱼，而且萨穆埃尔不再需要每天工作时，他们

也都想使用渔船和渔网。

于是萨穆埃尔为他们制作这些东西，作为回报，他们"支付"给他一部分自己捕获的东西。就这样，萨穆埃尔不再当渔民了，而是成为一名渔船和渔网的制作者。从那一刻起，太阳岛上的许多事情发生了变化。

现在，渔民们每天捕鱼的数量超出了自己的需要，因此岛上的人不再需要每天都工作了。他们知道自己不会缺少食物，也拥有了更多的时间可以组织起来完成各种任务，因此他们学会了做其他事情，并开始享受更多的自由时间。

有了这种新的组织方式，一些人可以把时间用于其他活动。

> 但是……那些不捕鱼的人吃什么呢？

> 但是……他们怎么获得鱼呢？

> 当然是吃鱼啊！

渔民们可以给他们提供鱼，但他们会被要求为捕鱼的付出提供一些回报。他们要如何回报呢？就像人们把鱼给萨穆埃尔以换取船只和渔网一样，也可以把鱼给其他人以换取其他东西。那些不捕鱼的人不得不用他们的聪明才智获取东西来支付他们的食物。

劳动分工允许一个人不必生产自己所需的一切东西，而是可以只专注于一项活动（因此可以做得非常好），并通过交换获得自己所需的其他东西。

有些人开始收集水果，有些人开始制作储存水的容器，有些人开始做木工，有些人开始耕种土地。就这样，他们开始以物换物，让每个人都能享受到鱼、水果和水罐，而不必自己动手来获得这些东西。

每个人都有了更多的空闲时间。

> 这种不使用货币而是进行物品交换的方式被称为**"以物易物"**，目前某些地方仍在使用。

当每个人都能提供一些东西时，这个系统就能发挥作用。但即便如此，要让经济运转起来，也不得不解决别的一些问题。

·2·
货币不仅仅是一种东西

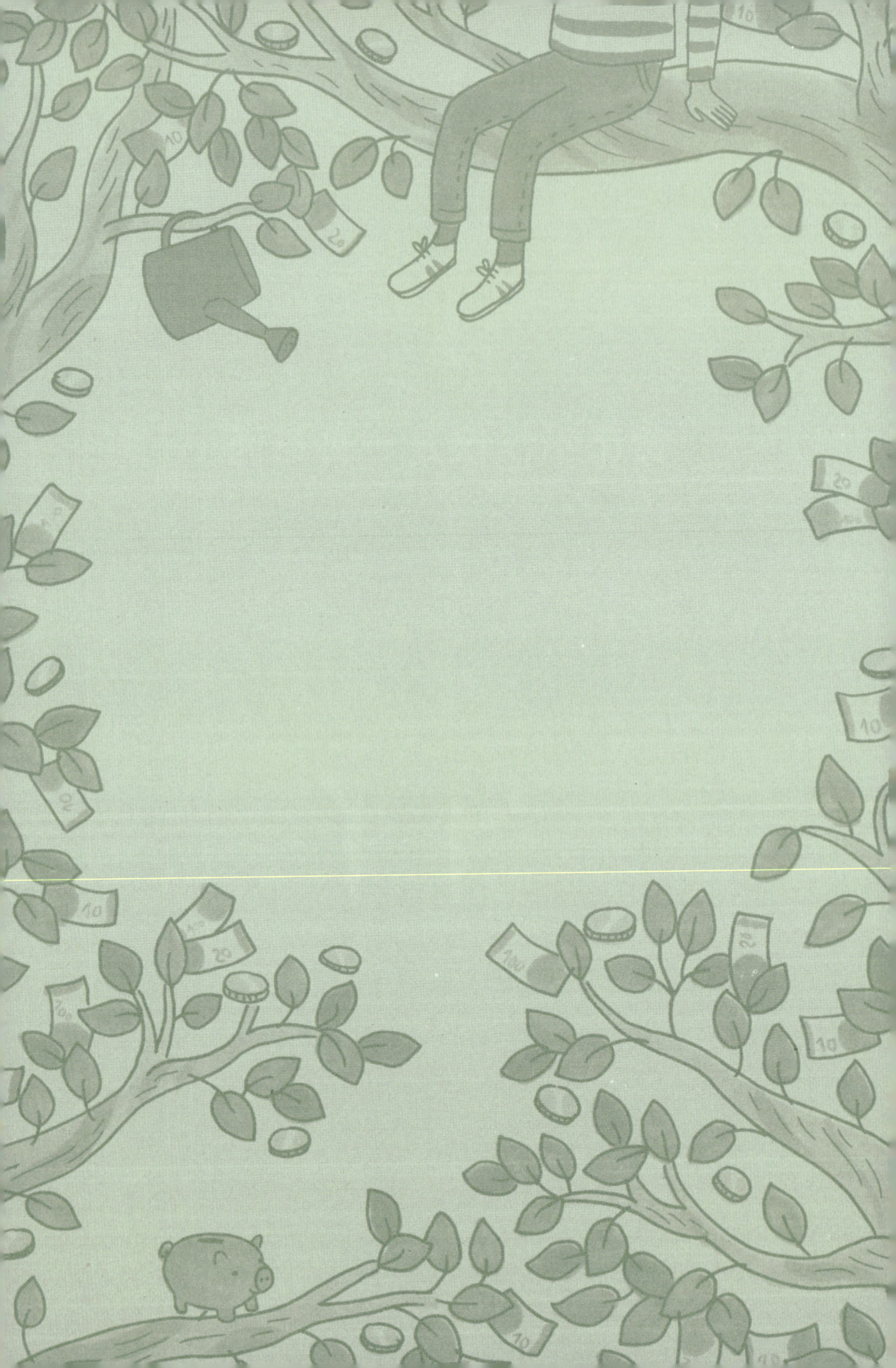

.2.

你好,迪克斯!你可以给我2升牛奶吗?

没问题,穆克斯,那你给我什么作为回报呢?

巧克力。

可是我不需要巧克力。

可是我需要牛奶啊。

那我们该怎么办呢?

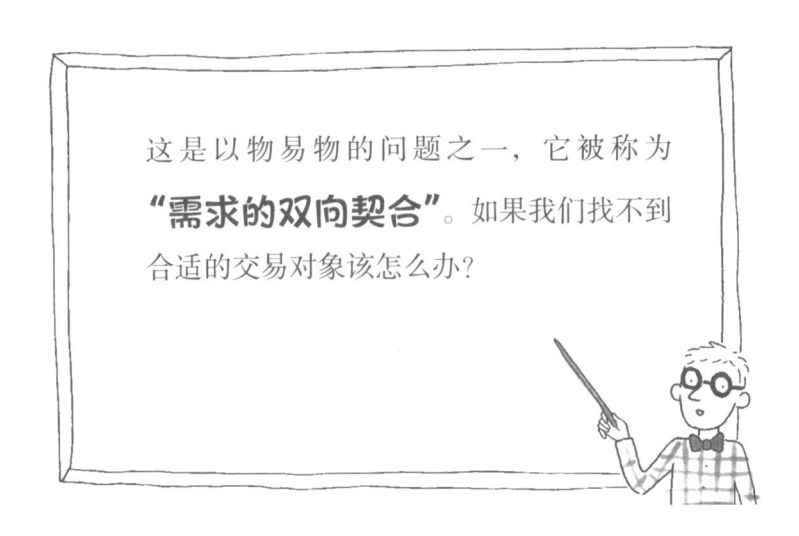

这是以物易物的问题之一，它被称为**"需求的双向契合"**。如果我们找不到合适的交易对象该怎么办？

你认为迪克斯和穆克斯能做什么？你有什么想法？发挥想象的力量！

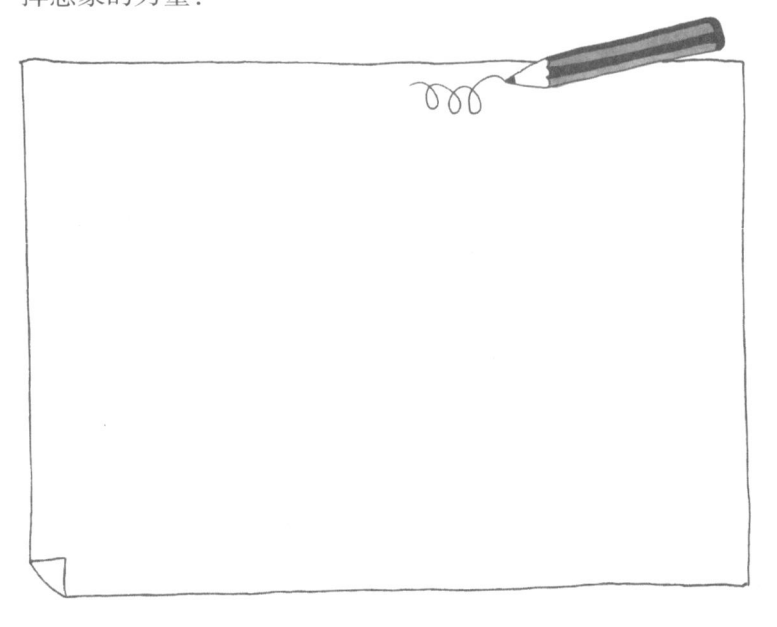

好吧……说实话，他们其实有好几种选择：

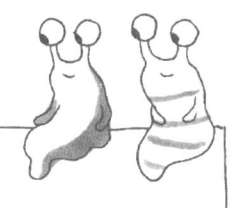

➡ 穆克斯可以寻找其他既有牛奶又想要巧克力的人。

➡ 他可以问问迪克斯需要什么，并在与他进行交换之前尝试得到它。

➡ 迪克斯可以接受巧克力并保存好它，以便未来需要，或者用巧克力换取他感兴趣的东西。但同样，他必须找到合适的人，或者至少是同样愿意保存牛奶的人——即使他不需要。

是的！我知道你在想什么……如果没有人想要穆克斯的巧克力该怎么办？如果穆克斯找不到任何可以提供给迪克斯的东西该怎么办？

以物易物的问题

有些货物是易腐烂的,这意味着它们会随着时间的流逝而变质(或消失),为未来的需要而储存它们并不划算(比如食物)。

还有一些物品需要大量的维护工作,比如,一头奶牛需要被喂养和照顾。它可能会生病,而且有一天会死亡。

还有一些货物难以运输。每天带着 5 头或 10 头牛去市场是不太现实的。

有时很难在两种不同的事物之间建立等价关系。比如,如果穆克斯给迪克斯 1 千克的巧克力,迪克斯要给穆克斯多少牛奶作为回报?该如何计算?

有些商品更容易被投放到市场,这意味着人们更有可能接受它们,也许不是因为人们需要它们,而是因为他们知道其他人也会接受这些商品。

现在，让我们回到迪克斯和穆克斯的交换上来：

迪克斯想要1千克的苹果,而这时家里有苹果树的帕克斯带着苹果来到了市场。

当迪克斯接受他不需要的巧克力，并在之后用巧克力获得他需要的东西时，他在做什么？

他在把巧克力作为货币使用！

有些人认为巧克力甚至比货币本身更有价值！

我们刚刚发现了货币的存在。

过去,人们会生产自己不需要的东西,然后带到市场上交换自己想要或者需要的东西。但是后来他们开始接受自己不需要的东西,因为他们预见到在未来能用这些东西进行交换。

所以有些东西很容易被人们接受，即使他们不需要，但他们知道可以再次交换这些东西。

但是，这些东西是什么呢？人们为什么会接受它们呢？

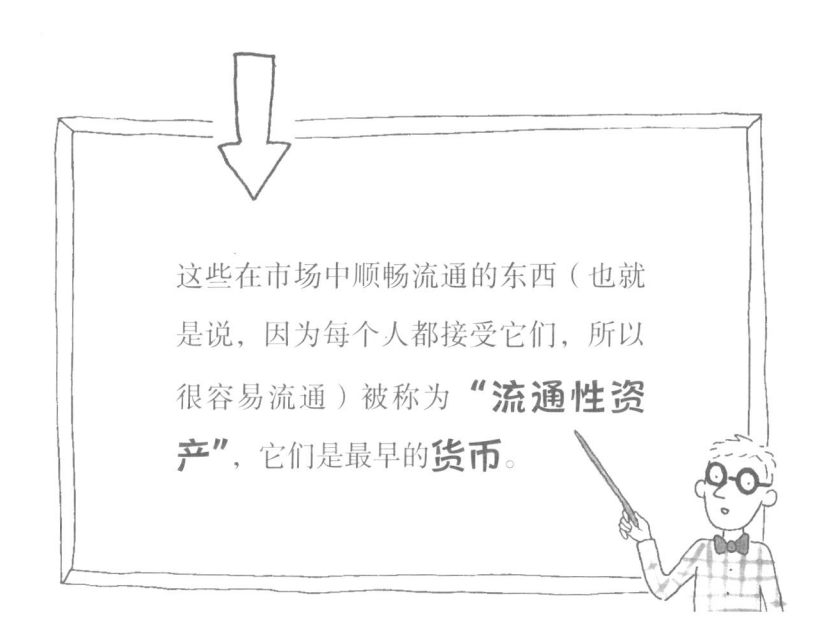

> 这些在市场中顺畅流通的东西（也就是说，因为每个人都接受它们，所以很容易流通）被称为**"流通性资产"**，它们是最早的**货币**。

·3·
公平的价格

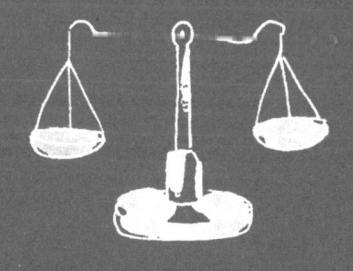

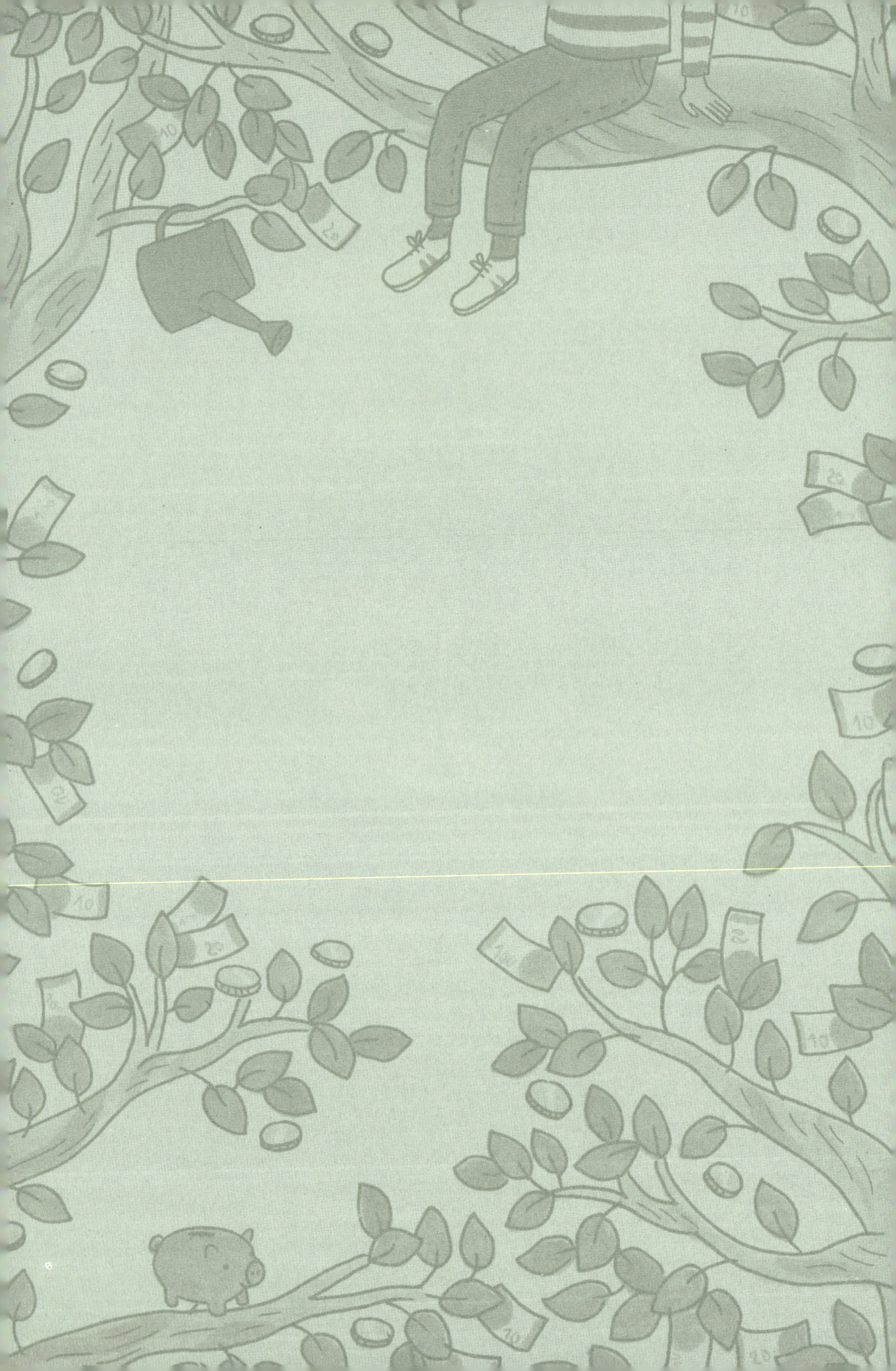

.3.

如果不出售船只和渔网，而是出租它们，你觉得会发生什么？

完全正确！我们每个月都会收到一些东西作为交换，而不需要生产。这就是所谓的**"被动收入"**。

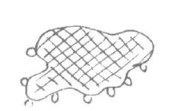

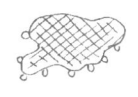

如果你曾收藏过卡牌，你就知道什么是以物易物了。你用多余的卡牌（因为你已经有它们了）交换缺少的卡牌。也许有时候你接受了一张你不需要的卡牌，因为以后可以用它去交换。这正是我们用货币做的事情！

在世界各地的市场上，人们逐渐意识到，接受他们当时不需要但未来可以用来换取其他东西的商品，是非常有用的。

纵观历史，许多不同的物品都可以被用来交换，比如奶牛、贝壳、盐、小的铜盘、青铜盘或铁盘、干烟叶、香烟、黄金等等。

其中一些物品比其他物品更具有**流通性**。一件物品的流通性越强，它就越能发挥其货币功能。

等一等，流通性物品？
让我们来好好解释一下。

一件物品要想作为货币使用，必须满足以下要求。它必须具有：

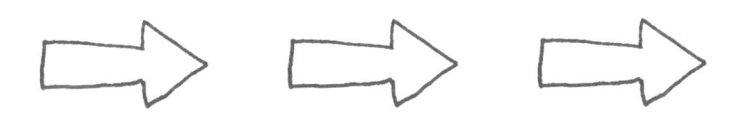

可运输性： 容易从一个地方携带到另一个地方（因此也更容易储存）。

可分割性： 可以被分割成较小的部分，以便进行更广泛的交易。

同质性： 这意味着我们把它分成的每个部分都是相同的。

耐用性： 以便在储存期间——即在购买和销售期间——保持其价值。

难以造假性： 不容易被仿制。

比如，你认为奶牛符合这些要求吗？

我们能用"半头奶牛"来支付一些东西吗？

我们怎么用 10 头奶牛来买东西？我们如何运输它们？我们要把它们放在哪里？

请记住，货币不仅仅是一件**东西**，而是某些东西的**特征**，可以被我们用来获得我们需要或想要的东西。

你知道吗？

正因为这个原因，随着时间推移，**黄金**被确定为能最好履行货币功能的东西，因为它符合上述所有要求：易于运输和储存，难以伪造，可以分成更小的等量部分且不会因此贬值，不会随着时间的推移而腐坏。

这让它成为最有价值且最具"流通性"（易于在市场上交换）的东西。

这是大多数成年人不理解的事情：当他们谈论货币的时候，总是指纸币和硬币。这也没错，纸币和硬币是货币，但不是在所有情况下以及在所有地方都是这样。而且，最重要的是，它们不是唯一存在的"货币"。

在 1500 多年前，就已经有社会开始制造小金属圆盘并将其作为货币使用了，因为它们便于携带，非常难被打碎，并可用于为各种东西赋予价值。

"金属圆盘"，你想起什么了吗？
没错！是硬币呀！

你知道吗？

一开始，每枚硬币的价值是由其所含的金属量决定的。

统治者很快就意识到他们可以颁布法律来控制货币的生产，并且开始铸造自己的货币并在上面印上自己的头像。

我是皇帝。

我是国王。

你知道吗？

这种情况一直存在。今天，欧洲君主制国家的欧元上也印有君主的头像，此外还印有各国历史人物的头像、名胜古迹和象征性符号。

由于只有统治者才能发行新货币(也就是说,只有统治者才能创造新货币),他们也将决定新货币的价值。所以,突然间,他们可以铸造一枚铜币,但是赋予它黄金的价值。这有点狡猾啊。

创造源自需求,人们开始习惯于用一张纸来进行支付,纸上写明将支付给持有者一笔存在某个地点的特定数额的钱。

好的!
我知道你在想什么了……
你猜对了!

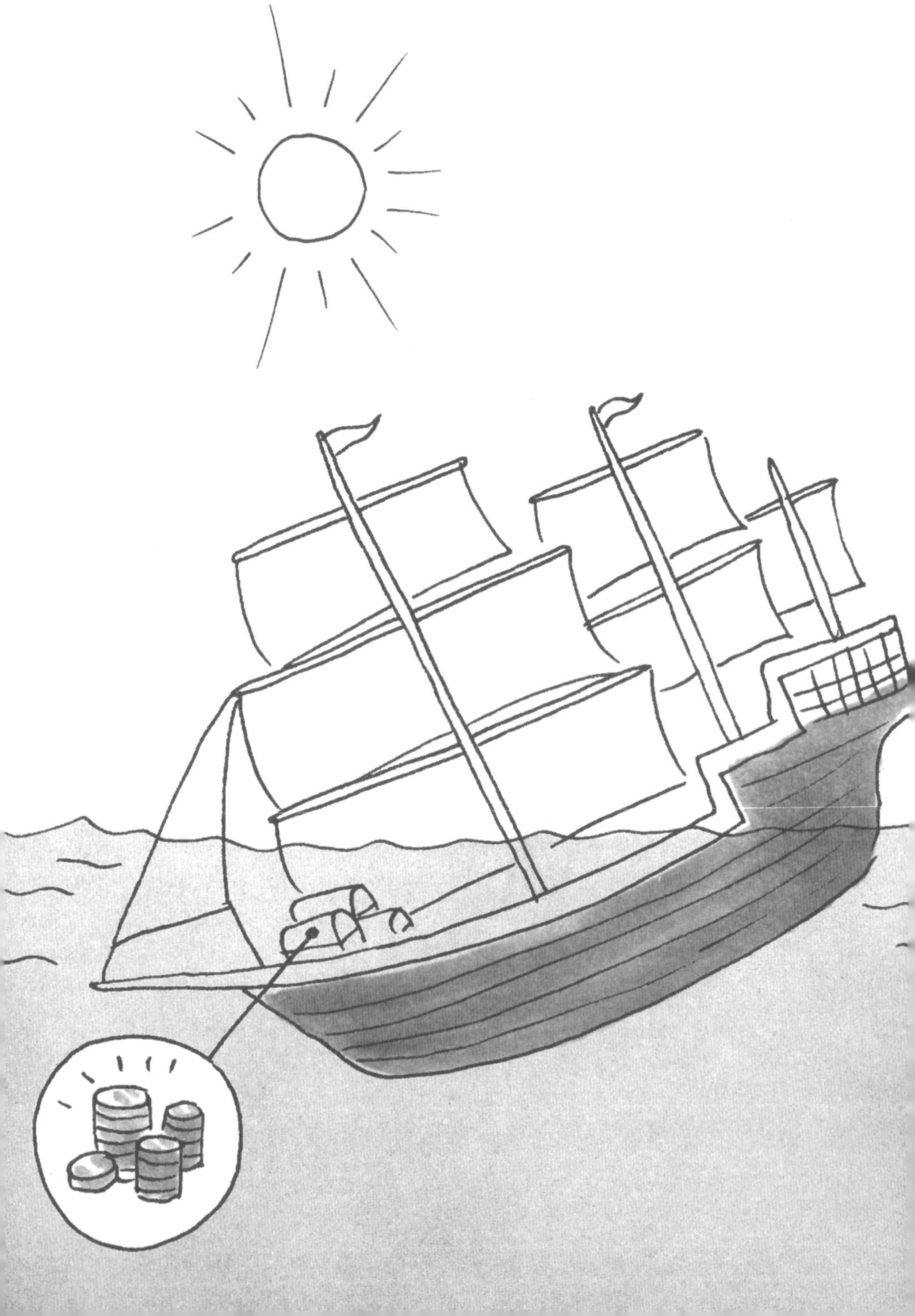

这就是**"纸币"**（称之为"纸币"，是因为它们被当作纸质货币来进行支付）以及"银行"（存放钱的地方）的由来。这种纸币目前仍然存在，并被称为"本票"。最早使用这种纸币的是公元9世纪的中国人。中国人从事海上贸易，且不想在船上携带大量的硬币，因而携带更便携的"交子"（纸币）。

> 我是马可·波罗。我将本票传到了欧洲。

几个世纪后,一位名叫马可·波罗的著名旅行家将本票传到了欧洲。

货币的发明非常重要,因为它促进了贸易。人们不用再带着布料、水果、鸡蛋或牛去市场,只需要带一袋钱就能得到任何东西!

但是你怎么知道某件东西公正的价格是多少呢?如何决定1升牛奶需要多少钱呢?

这个问题今天依然存在。当你买一辆自行车时,卖家要如何决定该向你收多少钱呢?

你怎么知道价格是昂贵还是便宜?
答案是:看情况!

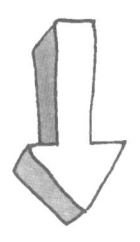

那要看什么情况呢?

有些人说,这取决于制造它的成本,尤其是取决于制造它的时间成本。

回到故事的开头,主人公萨穆埃尔制作了船只。制作第一艘船他花了30天。他花了很多时间来完成它,因为他没有经验,因此不知道最好的方法是什么。

他一点一点地学习,懂得了如何改进制作过程。所以需要的时间越来越短,而最终产品却越来越好。仅仅因为制作时间更长,所以最早的那些船就卖得更贵,这公平吗?

另一些人说,这取决于我们所购买的东西的实用性:如果它非常有用(或非常必要),它就会更贵。如果它没有用,就会便宜。

但如果这样的话：

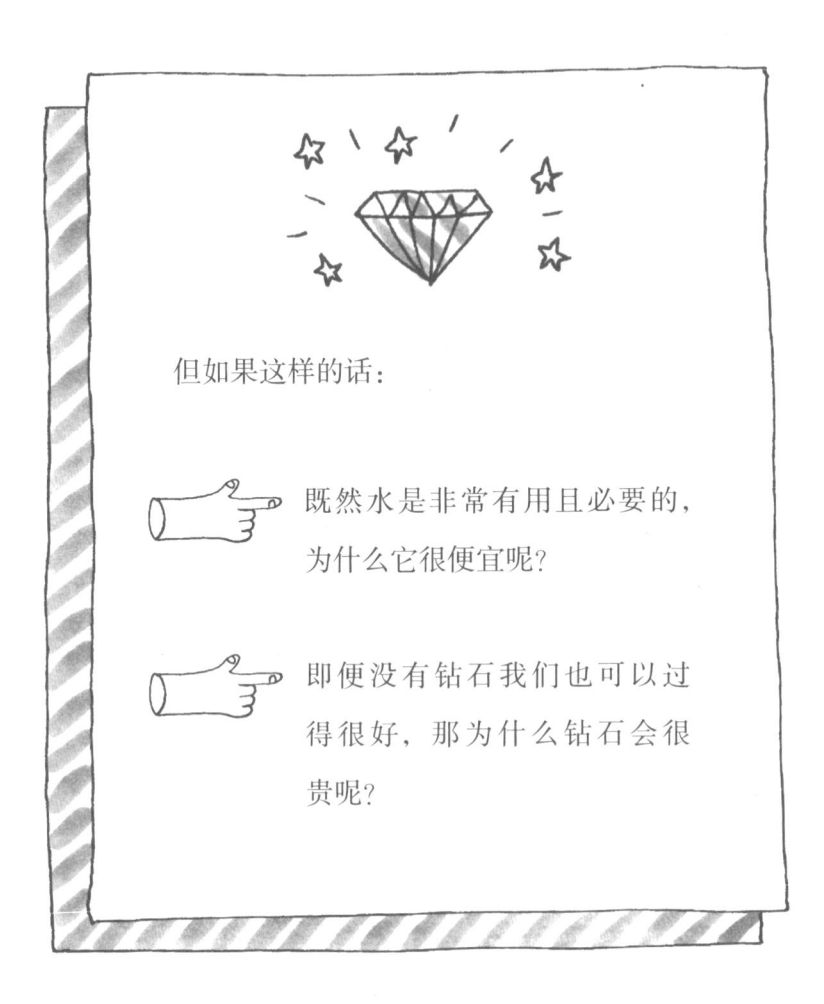

👉 既然水是非常有用且必要的，为什么它很便宜呢？

👉 即便没有钻石我们也可以过得很好，那为什么钻石会很贵呢？

对我们来说，一个东西昂贵还是便宜，取决于我们赋予它的价值。

如果我们在沙漠中快要渴死,一瓶水是很有价值的。我们愿意为它付出一切!

区分价格和价值是非常重要的。

➡ 价格

是你要支付的。我花 10 元①买蛋糕。如果我不愿意付钱，糕点师不会给我蛋糕。

➡ 价值

是你将得到的。对你而言它价值多少？对我来说，蛋糕很有价值，因为我非常喜欢它，而且我想用它来庆祝我的生日，这能让我非常开心。但是，假如我有糖尿病，蛋糕对我来说就毫无价值，因为我不能吃它。

---

① 原书中货币单位为欧元或美元，为方便理解，部分情况下货币单位改为元。

当你去买自行车时，
你怎么知道它是昂贵还是便宜？
答案(同样)是看情况。

- 它是否真的让你开心。
- 除了让你开心以外，你是否需要它。
- 你有多少钱。
- 你攒了多久的钱来买它，以及你是否认为把这笔钱用在别的地方会更好。

真正重要的问题是：
此时此刻，我更想要什么？

- 是糖果、自行车，还是一瓶水？
- 或者把钱放在小猪存钱罐里？

·4·
经济中的人类活动

.4.

在上一章中,我们看到以物易物对于获得我们想要或需要的东西是非常有用的。然而,为了能够进行交换,我们必须提供一些东西。

> 我们拥有的所有东西就是我们的财产。这意味着我们可以决定如何处置它们。我们是否爱惜它们,是否使用它们,是否把它们借给或者赠送给别人,是否出售它们。我们甚至可以摧毁它们!

如果不存在财产，
你觉得会发生什么？

  人们将不会爱惜东西，因为，如果任何人都能来收获我的庄稼，我为什么要费心去耕种呢？如果任何人都能来吃我的食物、用我的浴室、睡在我的床上，我为什么还要照看自己的房子并且往冰箱里装满食物呢？

当人类不再居无定所,而是开始从事农业和畜牧业时,财产对于系统运转的重要性日益凸显。人们必须在自己的领地四周树立栅栏,以确保自己的牲口或者收成不被别人偷走。

这带来了许多交易,因为不是每个人都拥有或需要同样的东西(就像穆克斯和迪克斯那样)。

> 我不需要巧克力,但你还是给我吧。

财产交易

所有的交易,无论是以物易物还是通过货币交易,都是财产交易。

你知道吗？

当西班牙人到达今天的阿根廷时，他们带去了一些动物（比如奶牛、公牛和马），并把这些动物留下，继续他们的探险。这些动物在野外繁殖，当地人开始捕猎它们，以获取它们的皮毛。他们的狩猎强度非常大，以至于奶牛几乎要灭绝了！

但后来人们找到了一个非常简单的解决办法：他们用栅栏隔开土地，每个人都负责一块土地和这片土地上的动物。他们饲养和照顾它们，这样动物就不会灭绝。

20 世纪 70 年代，非洲一些国家的大象和犀牛也遇到了相似的情况。它们的数量越来越少，濒临灭绝。后来这些国家的政府规定，这些动物属于它们所在土地的所有者，于是土地所有者开始照顾它们，防止它们被偷走或被偷猎者杀害。

无主之物,无人在乎。
(希腊哲学家们早就明白这个道理了)

当东西属于你的时候,你可以自行决定如何处置它们。

👉 你可以决定是否要爱惜它们。

👉 你可以决定是否要把它们借给别人。

👉 你可以决定是否把它们交换成别的东西。

你是如何决定该怎样处置自己的东西的？

这完全取决于你的**目标**是什么。

当你想去一个地方，却不知道怎么去的时候，你可以使用 GPS（全球定位系统），它会问你想去哪里（你的**目标**是什么），然后它会搜索你当前的位置（**起点**是什么）。然后它会为你推荐最佳**路线**，你可以步行，乘坐公共交通工具或自驾汽车。它甚至会告诉你，根据你所选择的**交通工具**的不同，你需要多长时间才能到达。

这同样适用于我们所做的所有决定。

> 你的**目标**可能是**需求**（"我需要吃东西"）或**愿望**（"我想去看电影"）。
>
> 你所拥有的手段就是能让你实现目标的资源。如果你的目标是吃饭，那是因为你感受到了这个需求：
>
> ⇨ 你可以在家里吃点东西。
> ⇨ 你也可以在餐馆吃饭。
>
> 如果你的目标是去电影院看电影，那是因为你有这个愿望：
>
> ⇨ 你可以走着去。
> ⇨ 你也可以乘坐公共交通工具去。

无论你的目标是什么，要想实现它们，考虑**时间**因素总是非常重要的。然而，通常情况下，当我们想要某样东西时，我们希望马上就可以得到。我们等不了。

如果我们今天就能得到，为什么要等到明天或者下个月？

但是你必须知道一件非常重要的事：在某些情况下，只有等待，才能得到更多或更好的东西。当然，事情并非总是如此。如果我快要渴死了，我不会等到明天，即便有人向我保证说明天我将得到两瓶水，而不是一瓶水。如果我死了，即便是两瓶水也对我毫无用处！

这就是**时间偏好**。

➡ 当相对于未来能获取的东西,一个人更偏好现在就能获得的东西时,他就有了**高时间偏好**;

➡ 当相对于现在就能获取的东西,一个人更偏好未来才能获得的东西时,他就有了**低时间偏好**。

你必须清楚你想要(或需要)什么,你的优先事项是什么,以及你愿意做什么来实现你的目标。我们拥有的最重要的资源之一就是时间(此外还有智力、工作能力、物质资源,当然还有金钱)。

对每个人来说，一天都有24个小时，而我们想要（或需要）做的事情有很多。我们必须清楚什么是优先事项，从而知道首先该做什么。

在著名的小说《鲁滨孙漂流记》中，漂流者独自一人在一个荒岛上，只有一些船上找到的东西、他的工作能力以及大量的空闲时间。这时生存是首要任务，他首先做他认为最重要的事情：保护自己，为自己建一个住所，并养活自己。

鲁滨孙缺少的一种资源是钱。好吧，他其实有钱，但这对他没有任何用处，因为岛上没有人可以交易。

经济中最重要的部分是人类活动——与他人的合作和互动。

· 5 ·

你不知道吗?

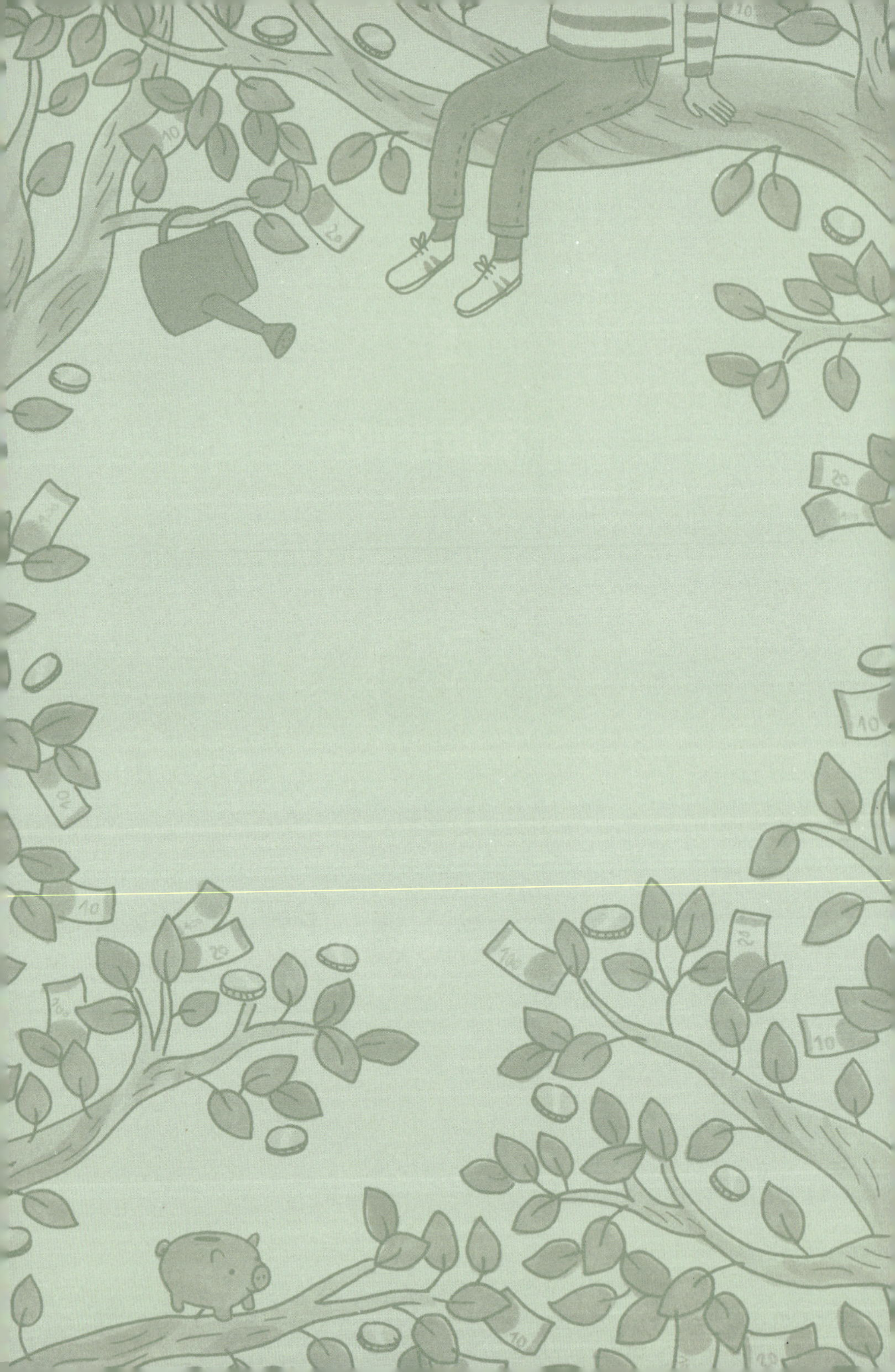

.5.

为什么存钱罐是猪的样子？

在中世纪，当银行还不存在的时候，人们把钱放在家里的陶罐里。这种陶罐是用一种叫作"pygg"的黏土制成的。这个词在英语里听起来像猪（pig），所以当一个陶工被要求做一个 pygg 存钱罐时，他做成了猪的形状！没人知道这个故事是真的，还是只是一个传说。

关于这个问题，还有其他的解释。比如猪曾经是繁荣的象征，因为它身体的各个部分都可以被利用。拥有一头猪的人知道自己不会缺少食物，那么还有什么更好的象征来代表储蓄呢？

"钱"这个词从何而来?

它来自拉丁语里的"denarius"。这是一种罗马银币。

在科尔多瓦哈里发时期,在西班牙的基督王国的领土上使用西班牙和阿拉伯硬币:第纳尔(由黄金制成)和迪拉姆(由白银制成)。在欧元问世之前,每个欧洲国家都有自己的货币(有些国家今天仍然如此)。

西班牙货币被称为"比塞塔"。这个名字来源于加泰罗尼亚语"佩塞塔",即"小块"的意思,换句话说,佩塞塔就是一小块。有些人认为这个词的起源是一种叫作"比索"的美洲货币。

美元（dollar）这个词从何而来？

美元（dollar）一词起源于一种叫作"thaler"的德国银币。在查理五世帝国时期，现今的玻利维亚地区有大量的白银，它们被用来制造叫作"dollar"的钱币，而这个名称是"thaler"一词的变形。

虽然最常见的"dollar"是指美元，但还有一些其他国家的货币也被称为"dollar"。

在美国，人们创造了一种单一货币来取代每个州的货币。因为它是西班牙帝国货币的仿制品，所以被称为"西班牙dollar"。

西班牙语中货币（moneda）一词是怎么来的？

根据罗马神话，天空女神和光明女神朱诺曾多次警告罗马人说他们的城市即将受到攻击，多亏她的提醒，罗马人得以做好准备并保护好自己。

因此他们把朱诺称呼为朱诺·莫尼塔（Juno Moneta）（即"预警者朱诺"）。由于铸币厂就在朱诺神庙的旁边，这些硬币最终被称为"moneda"。最初，每枚硬币的价值取决于它所含的银、金或铜的量。

一些骗子把硬币磨平以出售所得的金属碎屑，结果硬币在不知不觉间损失了它实际的价值。

看！它们都不一样！

因此人们开始制造边缘有凹槽的硬币，这样如果有人把它们磨平，人们很快就会注意到。今天，尽管各种货币的价值不再取决于制造它的材料，但人们还是会在它们的边缘铸造凹槽。由于并非所有货币的凹槽形状都一样，盲人可以更好地区分不同的硬币，而无须仅仅依赖硬币的尺寸。

纸币的来源是什么？

除了硬币，我们也使用纸币。它们之所以被称为"纸币"，是因为它们最初是由纸制成的。今天，在大多数国家，纸币是由棉纤维制成的。

每张纸币上通常都印有印制国的著名地点或人物，比如西班牙的1 000比塞塔纸币上印有作家佩雷斯·加尔多斯，英国的20英镑纸币上印有经济学家亚当·斯密。

然而，欧元纸币上往往印的是不同风格的拱门和桥梁，但它们不是真实存在的，这样可以避免欧元区国家之间在选择图片时的冲突。

为什么工作收到的钱被称为"工资（salary）"？

在罗马帝国，奴隶的工资是用盐（salt）支付的。盐有许多成为货币的必要条件：它具有极强的流通性，也可以用于保存食物，所以盐是非常重要的。"salt"一词也逐渐演化成"salary（工资）"，即工作收到的钱。

在西班牙语中，工资也被称为"sueldo"，这是从罗马人那里继承的一个术语。

在罗马时代，许多人要求用solidus（一种金币）而不是denarius来支付，因为denarius通常是由一种合金制成，不是真正的银币，因此价值更低。

向喷泉扔硬币的传统从何而来?

水是生命的基本元素,在许多地方水是很稀缺的。因此,在许多文化中,找到一口井被认为是神的礼物。所以雕像被竖在这些地方,人们会在此供奉祭品。

就这样,掷硬币许愿的传统就产生了。

在英国的科文蒂纳女神喷泉中,从罗马帝国到今天,已经发现了超过1.6万枚来自不同地点和时代的硬币!

·6·
糖果测试

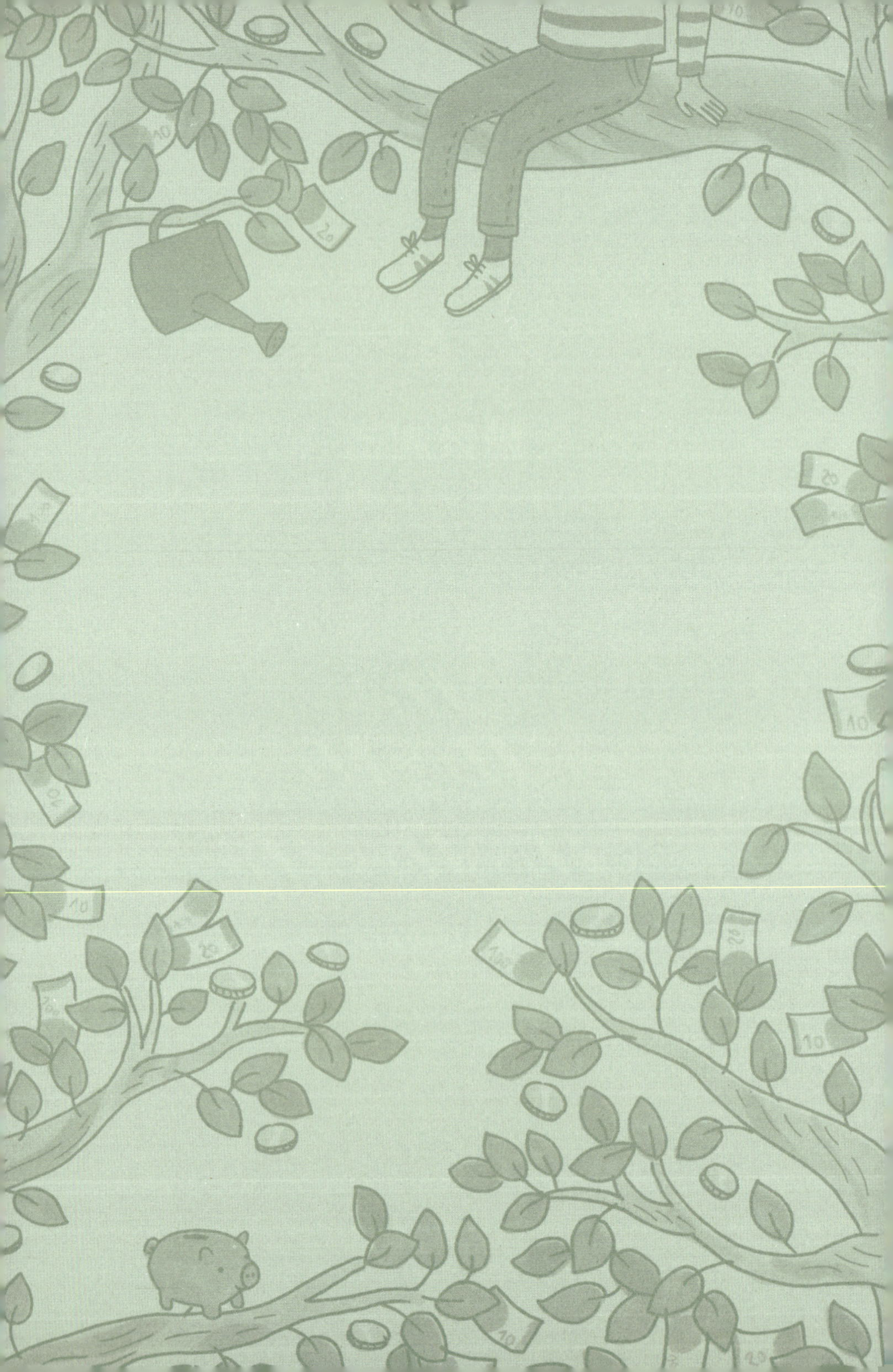

.6.

你一定有过让别人给你买东西的经历，而你当时肯定想要马上得到！！！有时我们想马上得到东西，这是正常的。

但在其他一些时候，等待是更好的选择。

你还记得萨穆埃尔吗？他知道，只要他有耐心，够自律，他可以制作出他的第一艘船和第一张渔网。这将需要30天，这是一段很长的时间，但他认为值得等待。

如果你想买一辆自行车，同时你看到商店里有自行车并且其价格是100元，恰好你的存钱罐里有这些钱，如果你愿意，你可以马上去买。

但如果你等上两个月，它也许会开始降价，这辆自行车的价格将会是80元，而不是100元。

你会怎么做？你会心急地去马上购买还是把钱攒起来？

小测验！

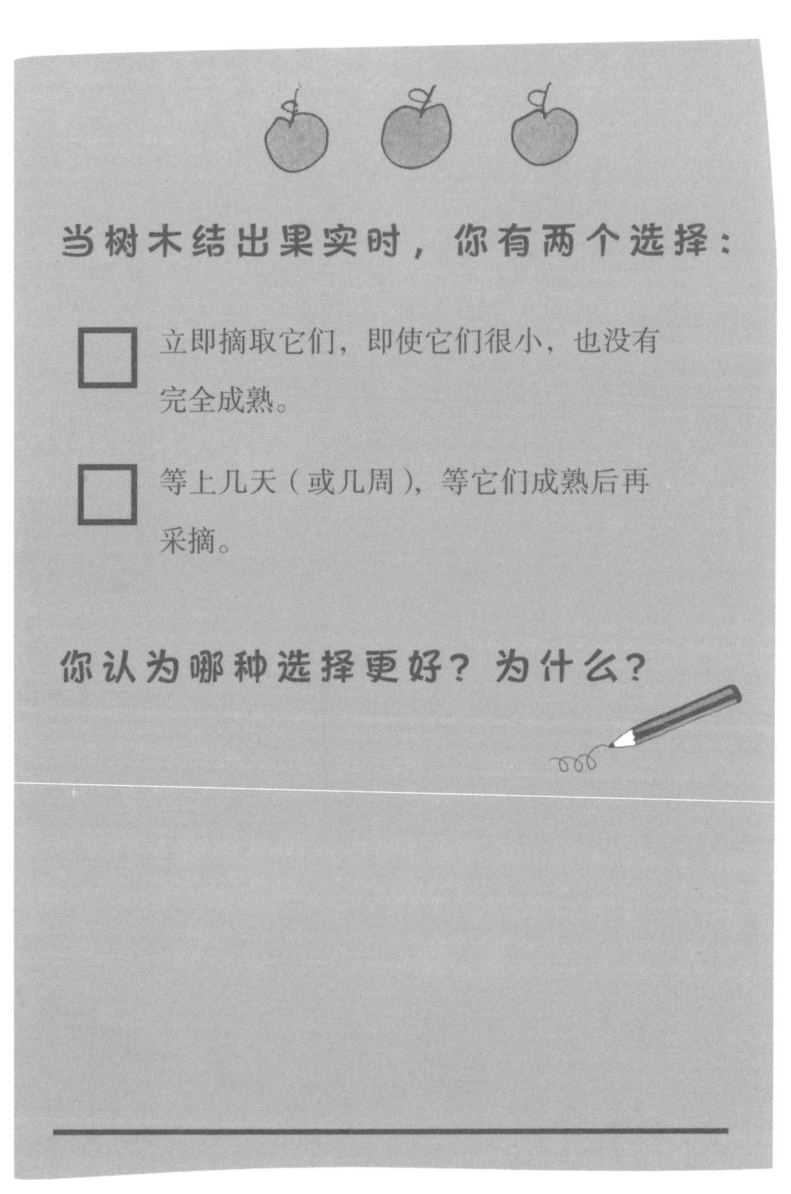

当树木结出果实时，你有两个选择：

☐ 立即摘取它们，即使它们很小，也没有完全成熟。

☐ 等上几天（或几周），等它们成熟后再采摘。

你认为哪种选择更好？为什么？

当比萨刚从烤箱里取出来的时候，你也有两个选择：

☐ 马上吃掉，即使你的舌头会被烫伤。

☐ 等它稍凉一点再吃。

在这种情况下，你的时间偏好是怎样的？

☐ 高

☐ 低

糖果测试理论

20世纪70年代,斯坦福大学的两位心理学家对4至6岁的儿童进行了一项实验。

他们给每个孩子1颗糖果,然后提出了两个选择:

👉 孩子们可以当场就把糖果吃掉。

👉 孩子们可以等待,如果过了一段时间他们还没有吃,就会再得到1颗糖果,这样他们就有2颗糖果了。

> 糖果测试告诉我们，即使我们总想立刻就得到某种东西，有时更好的选择是等待。
>
> 这叫作**"延迟满足"**。

什么时候应该等待？

当我们知道，如果我们等待，将比不等待取得更多或更好的东西。

比如，如果在聚会上你收到了许多糖果，你可以把它们一次都吃了（冒着肚子撑坏的风险），或者可以只吃几颗糖果，这样后面很多天，你都有糖果吃（而且不会觉得不舒服）。

当我们知道等待是值得的，我们能做的最好的事情就是使用孩子们在糖果测试中使用的技巧。

你知道他们做了什么来控制自己不吃第一颗糖，从而赢取另一颗糖吗？用其他事情分散注意力！比如，看向别处、唱歌、活动等等。他们耐心地等待着回报。

如果你参加糖果测试,你能够等待吗?你会做什么来分散注意力呢?

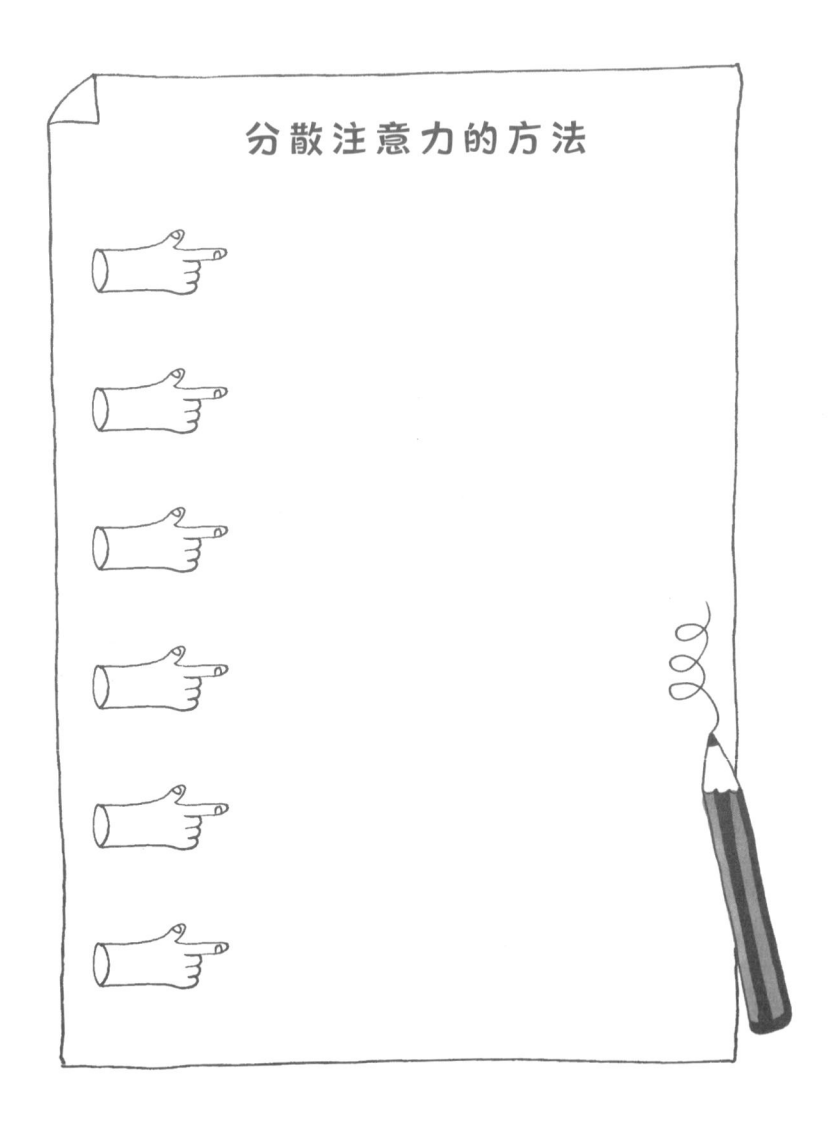

分散注意力的方法

·7·
负责任的消费

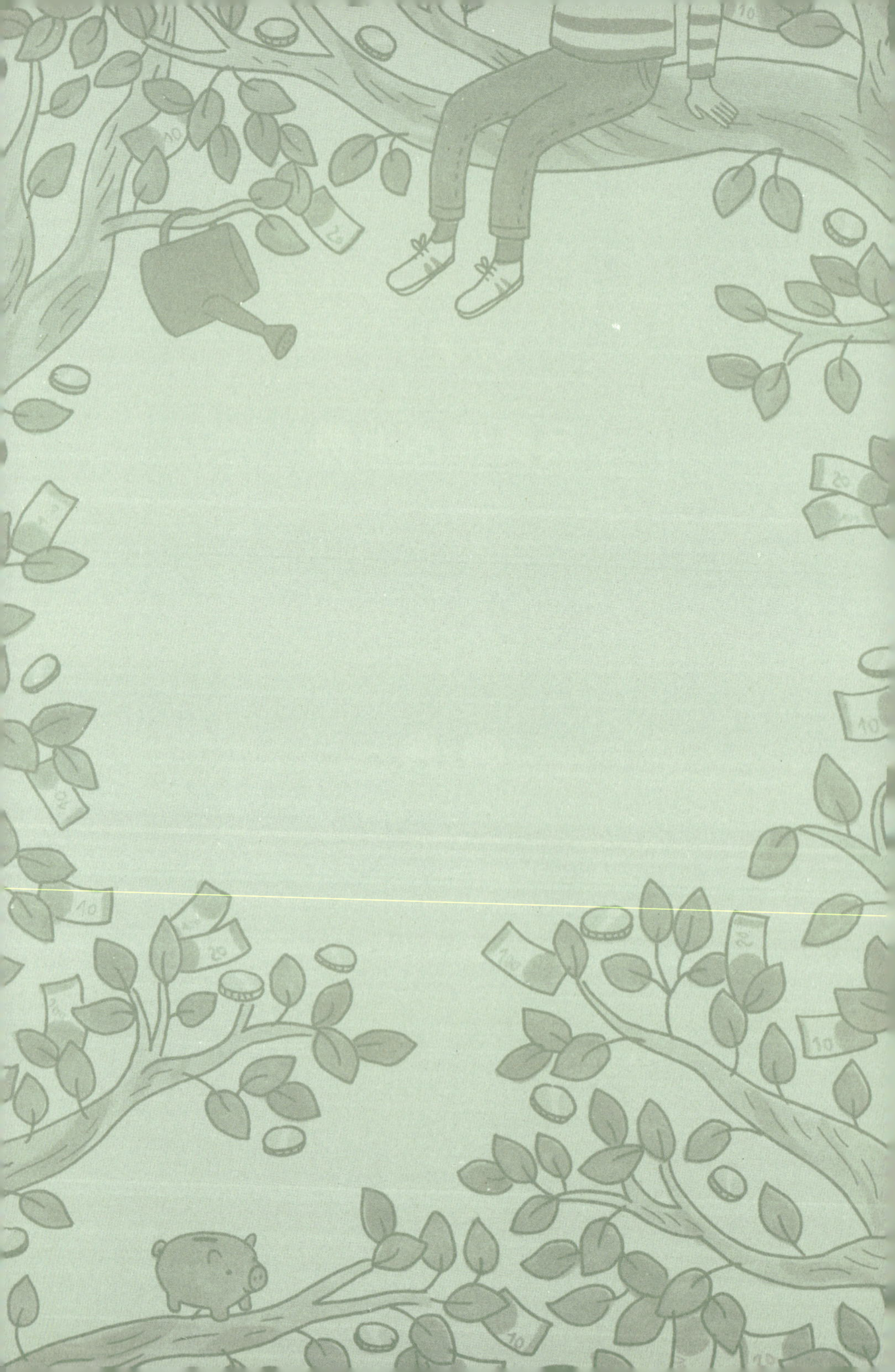

.7.

纵观历史,不同的社群或国家以不同的方式组织经济。

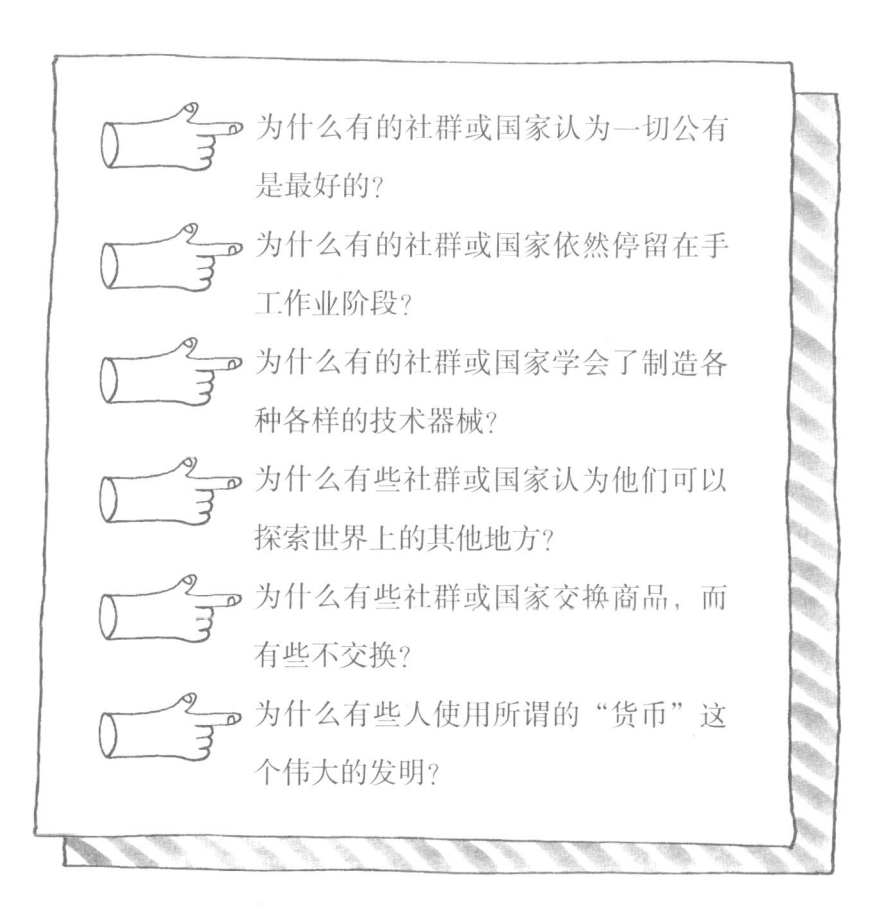

☞ 为什么有的社群或国家认为一切公有是最好的?

☞ 为什么有的社群或国家依然停留在手工作业阶段?

☞ 为什么有的社群或国家学会了制造各种各样的技术器械?

☞ 为什么有些社群或国家认为他们可以探索世界上的其他地方?

☞ 为什么有些社群或国家交换商品,而有些不交换?

☞ 为什么有些人使用所谓的"货币"这个伟大的发明?

生活得更好是所有社会追求的共同目标。

我们总是可以在不同的选项中做选择。我们每时每刻的决定都会产生影响，改变一切。有些后果我们无法预测，但在做出决定之前，我们必须评估那些我们能够预测到的后果。

当人们意识到了交换、分工、专业化，以及货币的好处后，非常重要的事情发生了：人们的基本需求开始得到满足。他们知道自己将不再缺乏食物、饮品、住所和衣服。他们有了更多的空闲时间并且以货币的形式积累财富，但相对于把钱存起来，把所有钱花光则很容易（也很危险）。不把所有的钱花光，尤其是决定如何和何时使用它，是一种**负责任的消费习惯**。

有两条关于建立负责任的消费习惯的黄金法则：

1. 学会延迟满足

许多人会冲动购物，然后陷入后悔。他们没有等待，结果就是得到了一些他们实际上不需要（或不想要的）东西。如果你第一天就把一周的工资花在电子游戏上，那你第二天就不能去看电影了。每当你选择一件事，你就放弃了其他所有的选择。

2. 不要花得比你赚得多

当人们开始进行交易时，一些人意识到即使他们没有足够的钱也可以买东西。他们推迟付款，承诺改天付款，或者借钱。但是后来不得不带着利息偿还这些钱，所以他们进入了一个无限的循环，欠了越来越多的钱。

经济最有趣的地方在于，它就像一本《选择你自己的冒险》的书，或者一个电子游戏，你必须在其中获得分数才能进入下一关。

我们可以用获得的钱做很多事情。

当你工作的时候，如果是为别人工作，你会得到工资。换句话说，雇主每个月都会向你支付一笔钱作为工作的回报。

你会有很多选择来使用这笔钱，零花钱也是如此。当你收到零花钱后，你会做什么？把它放进存钱罐吗？你会买东西吗？你会把它还给你的父母吗，因为他们给你预支了上一笔支出？

你想知道一个避免自己冲动消费的小窍门吗？

⬇

列出你需要或想要的东西，在每样东西的旁边，写下对应的价格和你希望得到的日期。这样你就可以管理你的财务，确保你得到你真正想要的。

永远别忘了糖果测试！

我需要或想要的东西清单

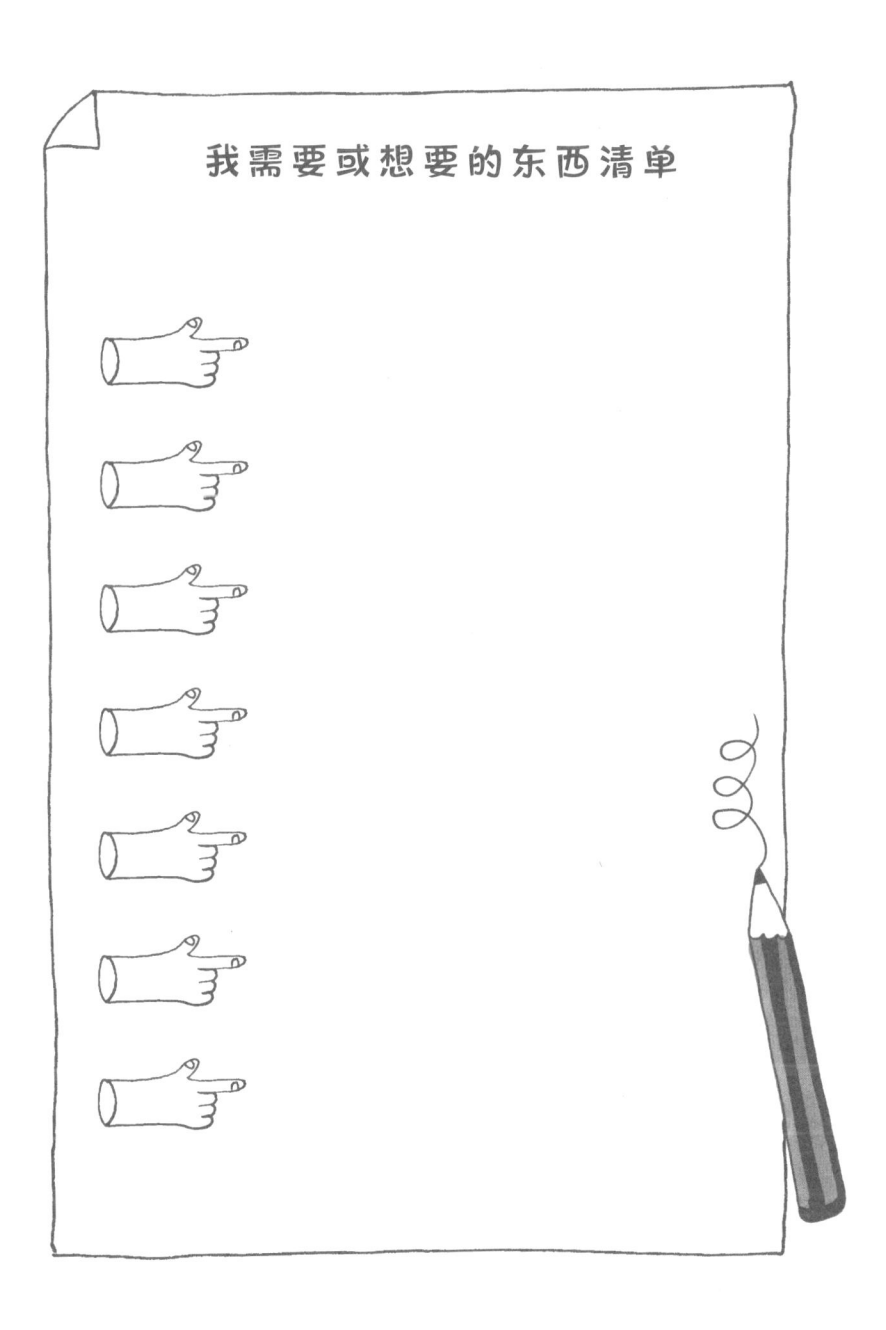

· 8 ·
现在怎么办呢?

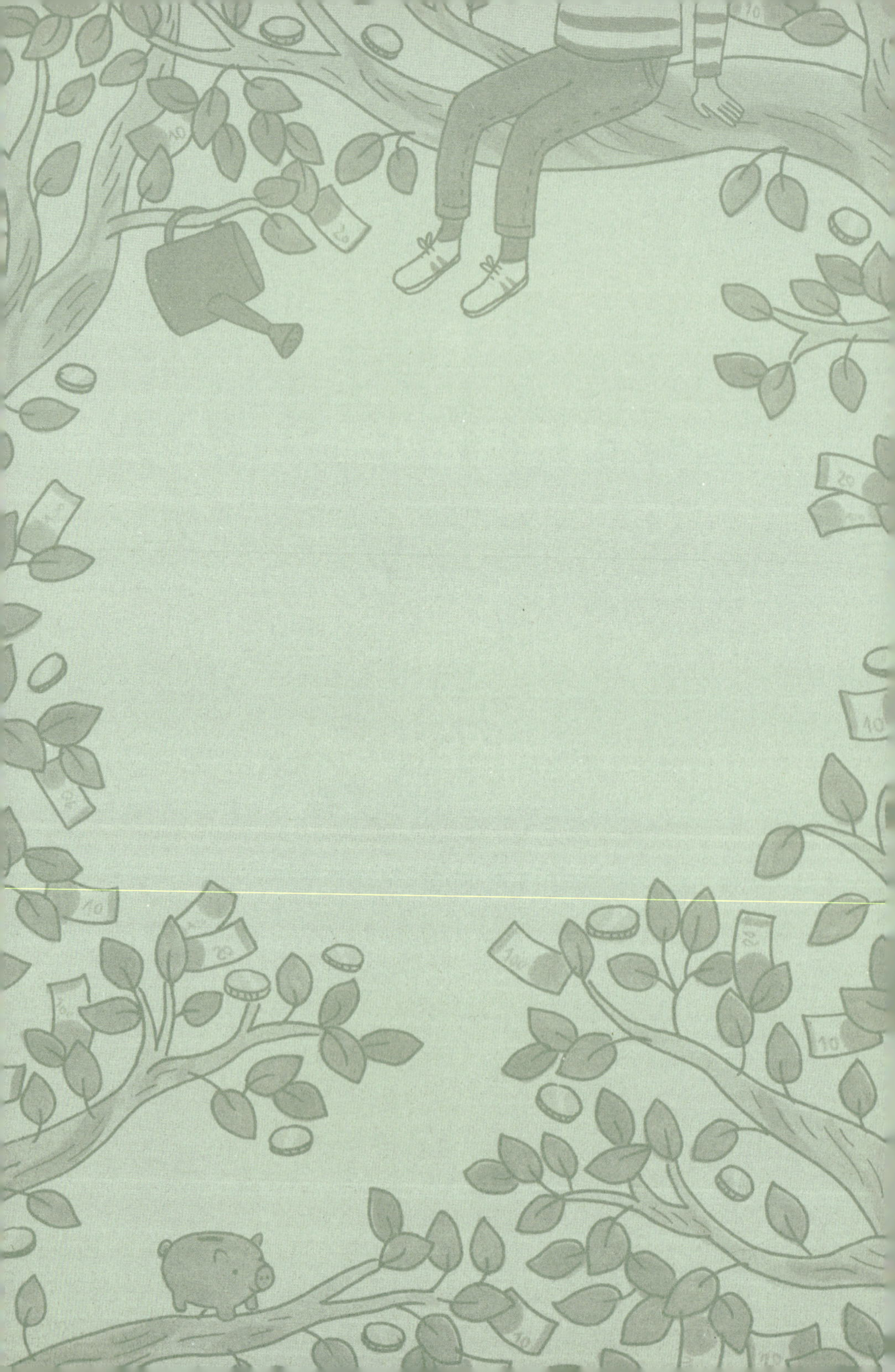

.8.

要想实现我们刚才提到的那两条黄金法则,你需要学会自我规划。

如果你想去露营,你先得做很多事,比如:

选择地点

选择日期

参考天气预报

准备好你需要的东西:帐篷、睡袋、手电筒、合适的衣服、防晒霜、充足的食物和水等等。

要做到这一切,你需要花时间思考,弄清楚什么是最重要的,以便首先去完成它。在管理自己的钱时也是同样的道理。

用简单的加减运算,可以很容易地规划你的财务。首先,你必须清楚你的**收入**和**支出**。

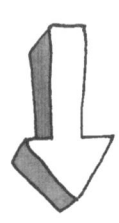

收入是我们得到的钱。

支出是我们用来支付的钱。

如果我们的支出大于收入,我们就会有**债务**。

如果我们的支出小于收入,我们就会有**盈余**。

让我们看看你可能拥有的一些收入。

可能收入清单

👉 每周的零花钱。

👉 家人给你的圣诞节零花钱。

👉 售卖二手玩具的收入。

👉 完成特殊任务的额外收入（比如照顾你的弟弟或帮助组装家具、洗车、给植物浇水等等）。

👉 为邻居工作的额外收入（比如洗车、给植物浇水等等）。

你还能得到什么收入？在这里写下你的想法。

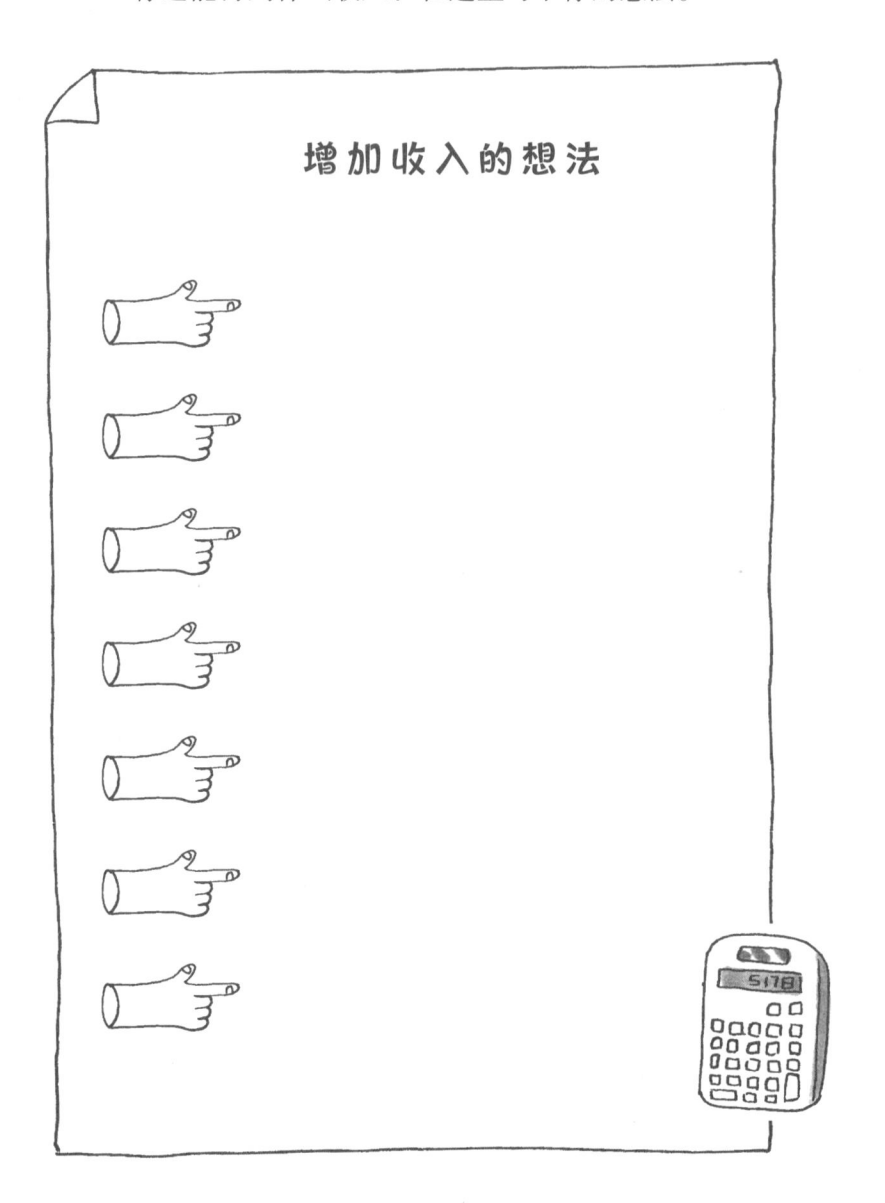

增加收入的想法

这里是一些你的家庭可能拥有的收入。

我们家的收入

☞ 父母的工资。

☞ 售卖二手物品的收入。

☞ 出租一间闲置房子的租金。

☞ 股票的股息(不用担心,我会在后面解释这个的)。

你的家庭还可能获得什么其他收入？如果你想知道，可以问问你的父母，看看他们会告诉你什么！

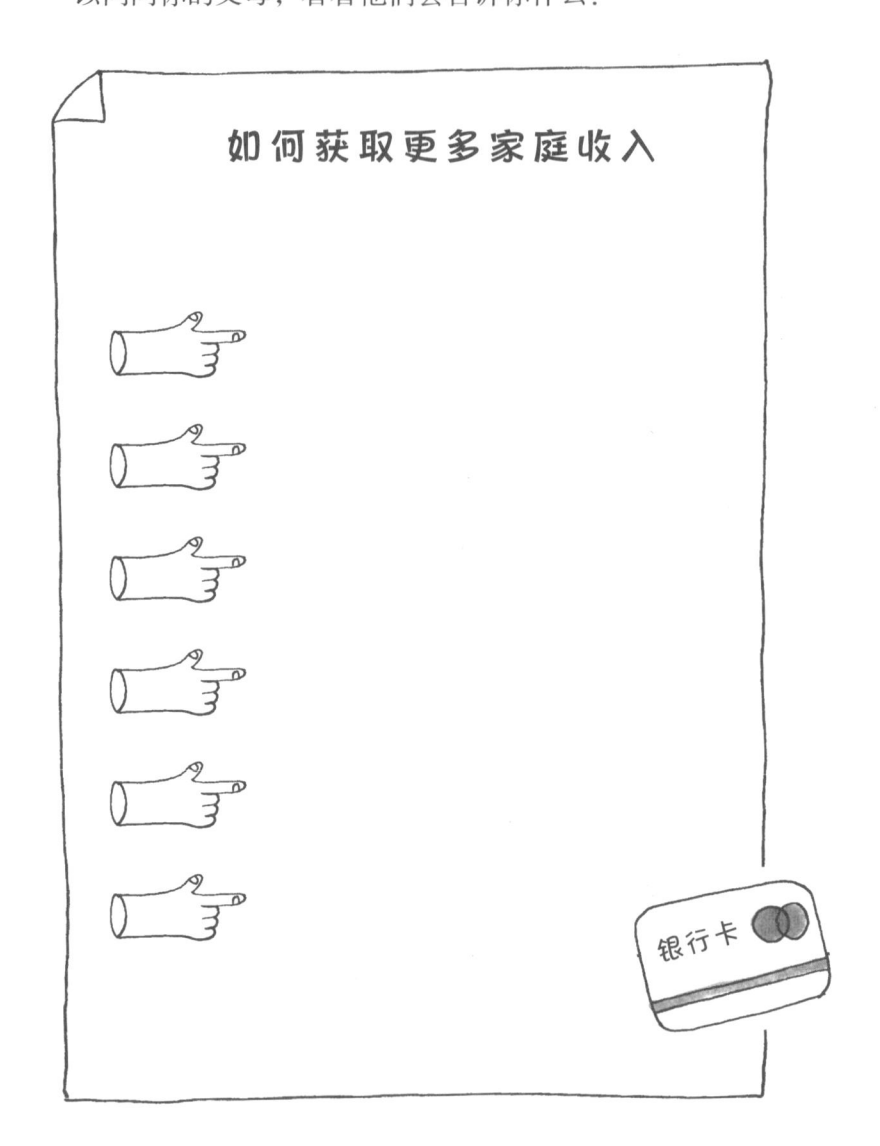

如何获取更多家庭收入

👉

👉

👉

👉

👉

👉

银行卡

现在，我们来看看你可能会有的支出（除去食物和那些满足基本需求的开销）。

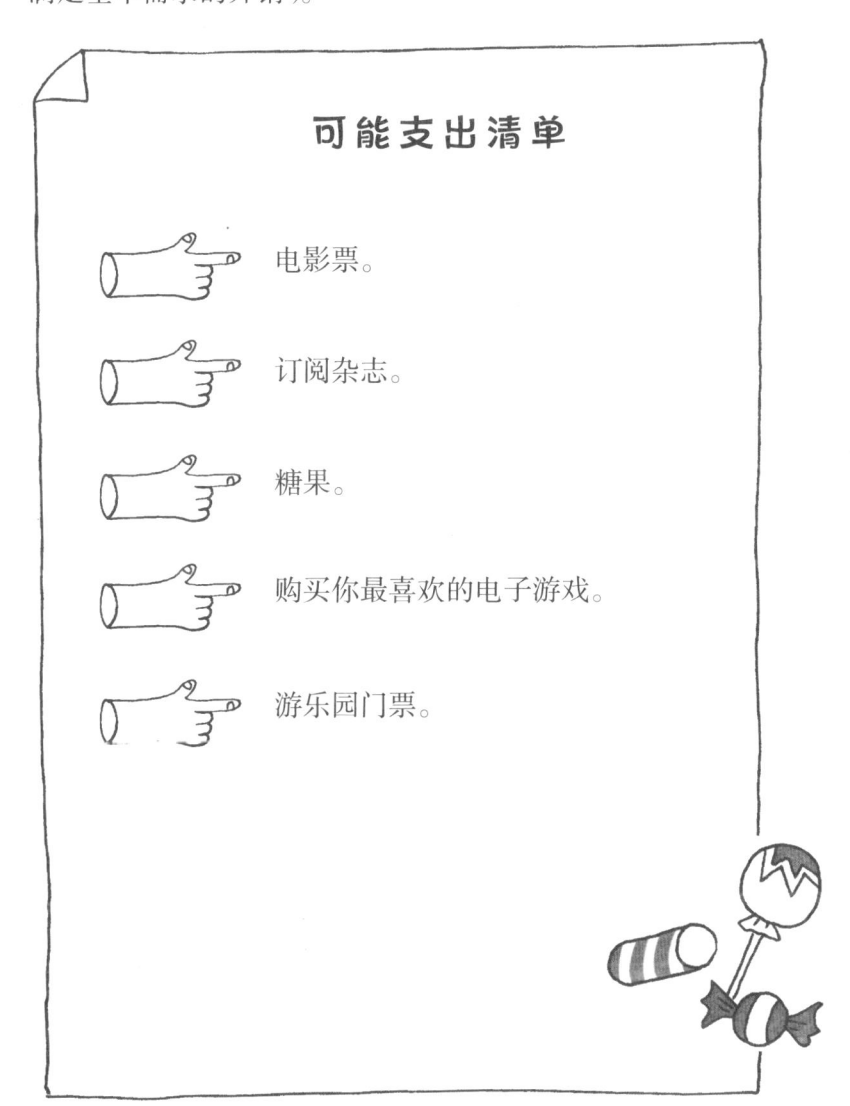

可能支出清单

☞ 电影票。

☞ 订阅杂志。

☞ 糖果。

☞ 购买你最喜欢的电子游戏。

☞ 游乐园门票。

列出你所有的支出：

我的支出清单

以下是一个家庭可能的支出：

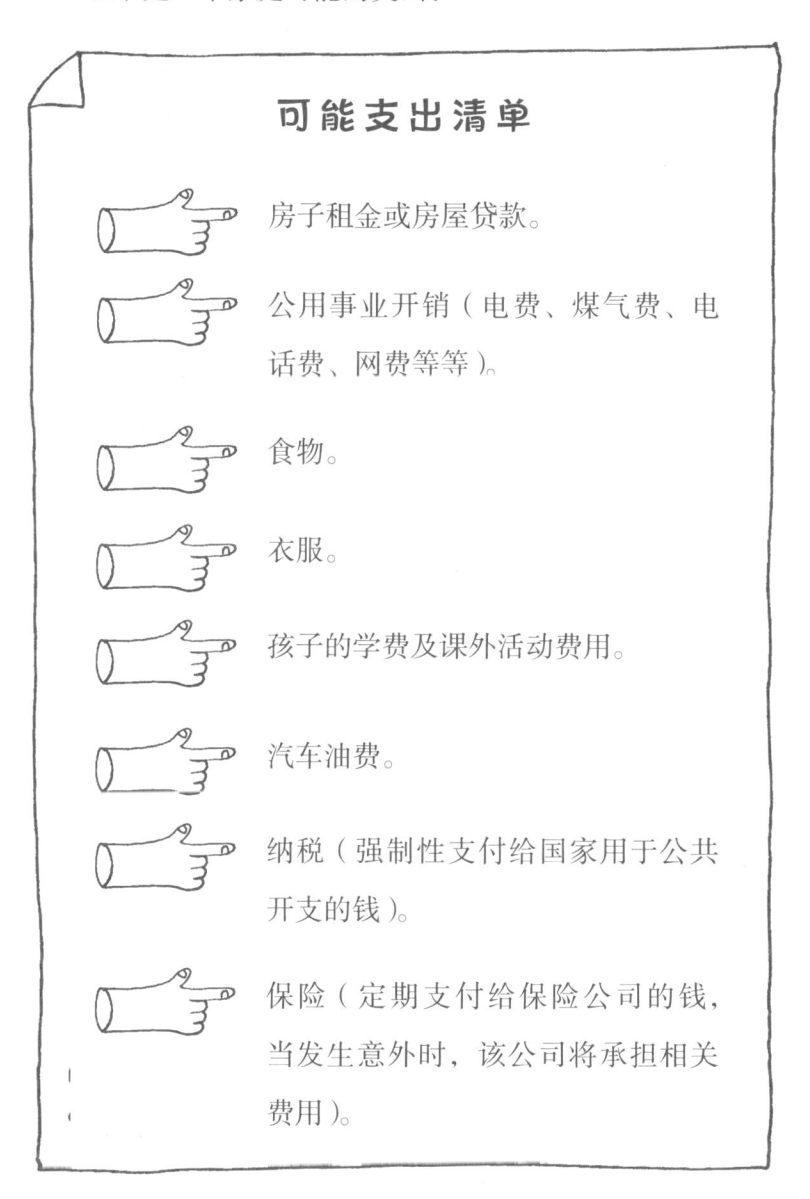

可能支出清单

☞ 房子租金或房屋贷款。

☞ 公用事业开销（电费、煤气费、电话费、网费等等）。

☞ 食物。

☞ 衣服。

☞ 孩子的学费及课外活动费用。

☞ 汽车油费。

☞ 纳税（强制性支付给国家用于公共开支的钱）。

☞ 保险（定期支付给保险公司的钱，当发生意外时，该公司将承担相关费用）。

列一个你们家的支出清单：

我们家的支出清单

并非所有的**收入**都是一样的：

➡ 有些**固定**的**周期性**收入：比如，你每周都收到的差不多同样金额的零花钱。就像你的父母给其他人工作时收到的工资一样。

➡ 还有一些收入是**不定期**且**不可预知**的：比如，售卖二手物品产生的收入。你无法预料将会出售什么以及什么时候出售。

而且**支出**也并非都是一样的：

➡ **固定**支出：比如，房屋租金或者贷款。每个月都支付相同的金额。

➡ **非固定**支出：虽然它们也是周期性的，但是每次金额并不相同。比如，电费金额取决于实际使用量（以及国家规定的税率）。

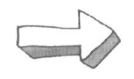

➡ **应急**支出：因意外事件而产生的支出。比如，如果汽车损坏了就得去修车或者购买一辆新车。

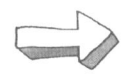

➡ **自由决定**支出：那些完全由你决定的支出。你自己决定支出的金额和时间。比如，你可以决定去电影院或者买一个新的电子游戏。

小测试

你知道以下例子分别对应的是哪一类的支出吗?

	固定	非固定	应急	自由决定
租金				
食物				
度假				
电费				
电话费				
衣服				
汽车故障				
罚款				
外出就餐				
汽油				
生日礼物				

当你清楚知道自己有哪些支出和收入后,你就可以规划一个预算了。

如何一步步地规划预算

1 记录你所有的收入,把它们分为固定收入和非固定收入。

2 分类记录你所有的支出。

3 增加一个储蓄的栏目。

4 给你收到的每1元钱都安排一个用处。如果你不知道该怎么用它,那就把它归在"储蓄"或者"应急支出"下面,它们总会派上用场的。

5 如果你有具体的目标,就创建一个具体的栏目。比如,如果你想要一辆价格为100元的自行车,就创建一个栏目,每月攒下10元用于购买它。

储蓄是非常重要的,因为我们永远不知道未来会发生什么。

> 注意!这可是关于储蓄的超级建议。

有一个储蓄方面的万全之策:**先存钱**。当你收到工资(或其他收入)时,马上留出一笔钱用于储蓄。不要等你已经支付了所有的费用,因为那时你可能没有任何钱可存了。

你可以有一个只用于储蓄的存钱罐,或者可以把你想存的钱放在一个小盒子里或信封里,或者存入银行。

为什么要储蓄？

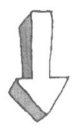

⬇

~ 为了应对一些不可预见的事件：比如，有一天当你老了，你可能会失去工作，可是你仍然会有支出。如果你没有储蓄，你打算如何支付这些费用？

⬇

~ 为了实现特定的目标：比如，你想要一个价格为500元的电子游戏机，但你现在没有这笔钱，你可以每个月攒50元，10个月后你就能买得起它了。

⬇

~ 为了帮助他人：想象一下，失业的不是你，而是你最好的朋友。如果你想伸出援手，请他到你家住，你需要有储蓄来支付所涉及的额外费用。你也可以用你的储蓄来支持重要的社会事业，比如捐款给正在从事消除贫困或疾病研究相关工作的专业人士。

·9·
没有老板的工作是可能的！

.9.

当你的父母或祖父母年轻的时候,人们学习的专业可能会成为终生从事的职业,就像萨穆埃尔的父亲,他曾经是个渔夫。

他们可以通过在学校学习,或作为学徒——即通过协助从事该职业的某人来学习。作为回报,他们会基于自己的工作时间获得工资。

但是，正如萨穆埃尔发现了一个更有效的捕鱼方法一样，今天还有其他工作和赚钱的方式，这些工作方式不根据你工作所花费的时间来支付报酬，而且你在任何学校都学不到。

虽然互联网是在20世纪60年代被发明的，但它的应用直到20世纪90年代末才变得普及起来。技术发展使以前不存在的新职业得以出现，也使以前存在的职业发生变化。

有些人设计电子游戏，开发移动应用程序，驾驶无人机，管理公司的社交网络，等等。

还有许多人在网上销售他们的产品或服务，他们不需要实体店或面对面为顾客服务。

在 21 世纪，你可以把你的爱好变成你的职业。也就是说，把它们变成你的收入来源。此外，你还可以为你自己工作，而不是为了别人。也就是说，你可以成为你自己的老板。

自己当老板和为别人工作这两种选择都各有优劣，但好在它们并不是矛盾的。

有老板的利与弊

（即"以员工身份工作"）

😊 有一个决策者，他告诉你他对你的期望和需要。

😊 你有一个工作时间表。当你完成后，回家并不再工作。

😊 你知道你每年有多久的假期。

😊 你有一份稳定的工资。你知道你每个月会赚多少钱，因此可以更好地计划你的支出。

但是……

☹ 如果你想赚更多的钱，你将不得不向老板提出请求（而且，悄悄告诉你，他很可能不会同意）。

☹ 如果你有自己的想法，想尝试新的东西，你可能无法在工作中应用它们。

☹ 如果你想要休息一天或拥有更多的假期，你可能无法实现。

☹ 如果你不喜欢你的同事或你的老板……你不得不忍受他们！

没有老板的利与弊

（即"自主创业"）

☺ 你自己做决定，按自己的方式做事。

☺ 你决定自己的时间表。

☺ 你可以做任何你最喜欢的事情。

但是……

☹ 如果你做错了，所有的责任自己承担。

☹ 你的工作不会受到时间表的限制，但你必须工作到所有任务都完成为止。

☹ 你的假期和你的工资将取决于项目的进展情况。

给别人工作时更容易储蓄，因为你知道你将会赚多少钱，你可以规划你的支出和储蓄。

然而，给自己工作，你可以发展你的业务，并赚取更多的钱（如果你的业务成功的话）。

如果你决定自己当老板,你可以做什么工作?在这里记下一些想法。

我可以做的所有事情清单

你的想法真是太棒了！尽管它们可能看起来难以实现，但其实并非完全不可能。只要稍加努力，我们都可以实现自己的梦想。有些人已经把他们的爱好变成了他们的工作！

☞ Kinda Funny 是一家制作漫画、电影和电子游戏节目的公司。

☞ Crash Course 是一个提供各类主题的教育视频平台。

☞ Sailing La Vagabonde 网站由一对澳大利亚夫妇创建。他们乘船环游世界，并在 YouTube（视频网站）上分享他们的假期。

这些公司的创始人通过做他们喜欢的事情，每月收入超过了 12 000 元。为了从事你喜欢的事业，你需要成为某方面的专家，让你的工作价值得到认可。

为此，估计需要 5 000 小时的培训。听起来很多？其实并没有那么多！

如果我们活到 80 岁：

80 年×365 天×24 小时 =700 800 小时

一个 10 岁的孩子未来还有大约 600 000 小时的生命。难道就不能投入 5 000 小时来培训自己吗？这是值得的！

你会把这 5 000 小时花在什么地方？

将 5 000 小时用于……

- 全面了解你感兴趣的项目（而且，如果你有兴趣，你会毫不费力地投入时间）。
- 大量阅读。
- 认识很多人。
- 参加会议和活动。
- 尽可能多地了解互联网和技术，让你的工作更轻松。
- 学习管理你的财务。
- 学习市场营销和销售策略。

如果你是自由职业者，你也需要在你的个人品牌上下功夫。

个人品牌是别人对你的看法。如今，我们都在互联网上，我们都有自己的个人品牌。个人品牌将始终与你的职业品牌（你的商业品牌）相联系。**请注意！**你在互联网上说的或做的任何事情都将是你个人品牌的一部分，并可能在未来对你有利或有弊。这是你的声誉。

试一试吧，上网搜索一下自己。结果是什么？它是好还是坏？这些内容是你自己上传的吗？

个人品牌受损的例子：

👉 2016年，毕尔巴鄂竞技俱乐部签下了一位名叫秘鲁·诺拉斯·考因的年轻球员。问题是，该球员一年前在社交账户上发布了针对该球队的攻击性评论和侮辱。毫不奇怪，毕尔巴鄂竞技俱乐部的球迷未能很好地接受他。

👉 一个叫纳奥米的女人得到了在美国国家航空航天局工作的机会，并在社交账户上用粗俗的语言宣布。一位美国国家航空航天局的顾问（她并不认识）让她注意自己的言论，她回复了一条更粗鲁的信息，然后美国国家航空航天局决定终止她的合同，该女子最终注销了她的社交账户。

你必须密切关注你的个人品牌，避免因任何事情而错失人生契机！

· 10 ·
钱是从哪儿长出来的呢？

.10.

传说，印度的一位国王曾因儿子的死而悲痛万分。西萨·本达希尔向国王展示了他发明的一个游戏，他声称这个游戏可以给国王带来快乐，让他忘记悲伤。

这就是国际象棋。国王非常喜欢，他想奖励西萨·本达希尔。

> 我想在棋盘的第一个方格上要1粒麦子,在第二个方格上要2粒麦子,第三个方格上要4粒麦子。以此类推,在接下来的每个方格里,麦粒数量都要比前一个格子多出一倍。

> 你提出这么低的价格要求是在藐视我的慷慨!但如果这就是你想要的,我会如你所愿。

几天后,国王的仆人告诉他,西萨·本达希尔的要求不可能实现。

为什么?因为这比他们想象的要多得多!

如果你还不知道如何进行幂运算(后面会讲到的),请翻到第138页。在那里你会发现一个棋盘。找一些米粒并按照西萨·本达希尔的要求将它们放在方格上……如果你放弃了,就请翻到下一页。

> 你已经放弃了吗?
> 当然啦!因为这需要
> 18 446 744 073 709 551 615 颗
> 麦粒!

如果我们能以这种速度增加金钱,你能想象吗?如果我告诉你,你可以做到呢?

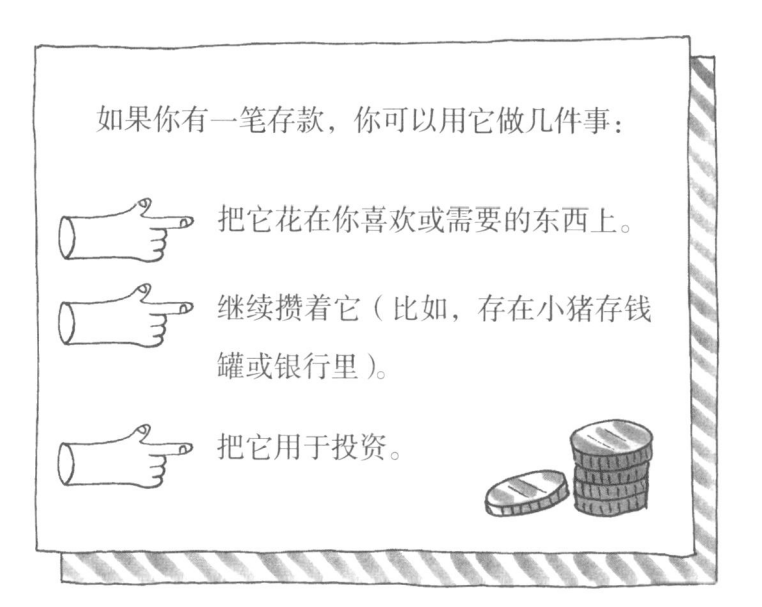

如果你有一笔存款,你可以用它做几件事:

👉 把它花在你喜欢或需要的东西上。

👉 继续攒着它(比如,存在小猪存钱罐或银行里)。

👉 把它用于投资。

你还记得糖果测试吗?

我们从那里学到,有时如果我们能在未来得到更好的东西,那么现在放弃一些东西是值得的。这就是我们对**投资**的做法。

当收到钱时,我们有 3 种选择:

☞ **花掉它**:如果我收到 10 元并花掉,我就不再拥有它。

☞ **把它存起来**:如果我收到 10 元并把它存起来,一年后我仍然拥有这笔钱。

☞ **用它来投资**:如果我收到 10 元并进行投资,一年后我可能拥有……超过 10 元的钱!

我们可以投资什么？

👉 投资我们自己的事业（这将给我们带来利润）。

👉 投资我们的教育（就是我们前面说的培训）。

👉 投资房地产市场（我们可以买房用于出租，每个月从中获取租金）。

👉 投资预计会升值的实物（比如黄金）。

👉 投资其他公司的股票（这些股票可能会增值，我们也将定期收到股息）。

等等，什么是股票？

这就像我们购买了一家公司的一个非常小的部分。有些股份的价格是5元，有些则可能是5 000元，但一天之内的价格是不同的。一份股票现在可能是10元，1分钟后可能是10.10元。

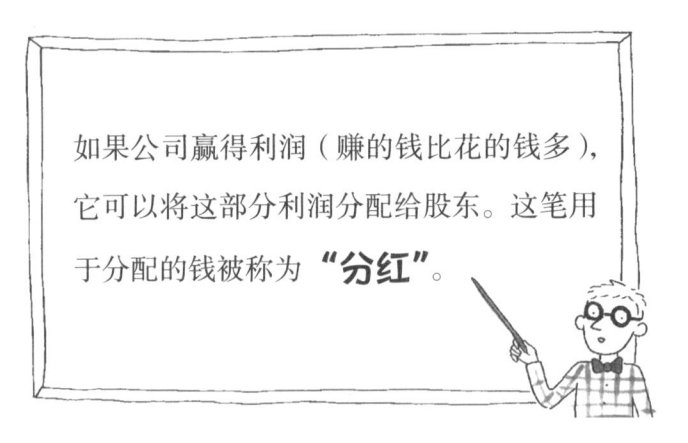

> 如果公司赢得利润（赚的钱比花的钱多），它可以将这部分利润分配给股东。这笔用于分配的钱被称为**"分红"**。

想象一下，在1962年，你的祖父用1万元买了131股可口可乐公司的股票。这家公司采用股票分割的方式（即将股票分割成更小的股票，以便在市场上有更多的股票。这就像用一张10元钞票换两张5元钞票，你仍然有同样的钱，但有更多数量的钞票）。就股票而言，你有更多的股票，但它们也会随着时间的推移而增值。50年后，即使什么都不做，你的祖父也将拥有6 288股，价值503 103元。此外，他还将收到136 270元的红利。

对于这 50 年来所收到的 136 270 元，你的祖父有 3 种使用方式，他可以：

☞ 花掉它们。

☞ 把它们存起来。

☞ 把它们再投资。

再投资意味着他将用这些钱购买同一家公司的更多股份，这样他就会拥有越来越多的股份，并获得更高的股息。这就是象棋棋盘中的秘诀！

如果他对这些股票进行再投资，50 年后，他将拥有 21 858 股，价值近 175 万元，每年可获得 22 000 元的股息。

这看起来就像是魔法！
（但这仅仅是数学。）

饲养一只"小胖猪"的建议：

☞ 练习降低你的时间偏好：学会等待一点时间来获得满足。不要想着马上获得一切！

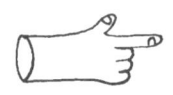

☞ 明确你的目标：你想要什么，为什么？

☞ 好好管理你的资源：你的时间、你的工作能力和你的钱都是有限的，要明智地使用它们。

☞ 规划你的财务：做一个预算，以便知道你赚多少钱，花多少钱。

☞ 先存钱：总是先留出一部分收入用于储蓄，然后再支付开支。而不是反过来！

☞ 学习如何投资并享受复利的魔力。钱是从哪儿长出来的？它当然不是从树上长出来的，但它确实在生长。

·11·
来做练习吧！

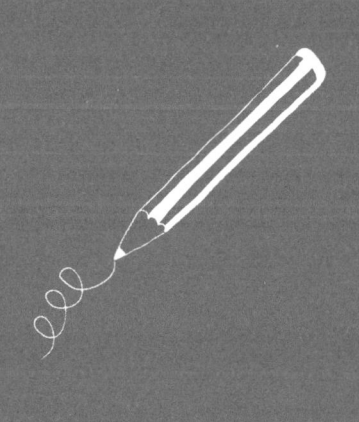

1

穆克斯1小时能吃10块巧克力。在同一时间内,迪克斯可以吃15块。他们在3小时内一共可以吃多少巧克力?

2

你打破了小猪存钱罐，你现在拿着你所有的硬币和纸币。你总共有多少钱？

硬币和纸币	数量
100元纸币	1
50元纸币	1
20元纸币	4
10元纸币	2
5元纸币	4
1元硬币	3
5角硬币	5
1角硬币	2

答案：

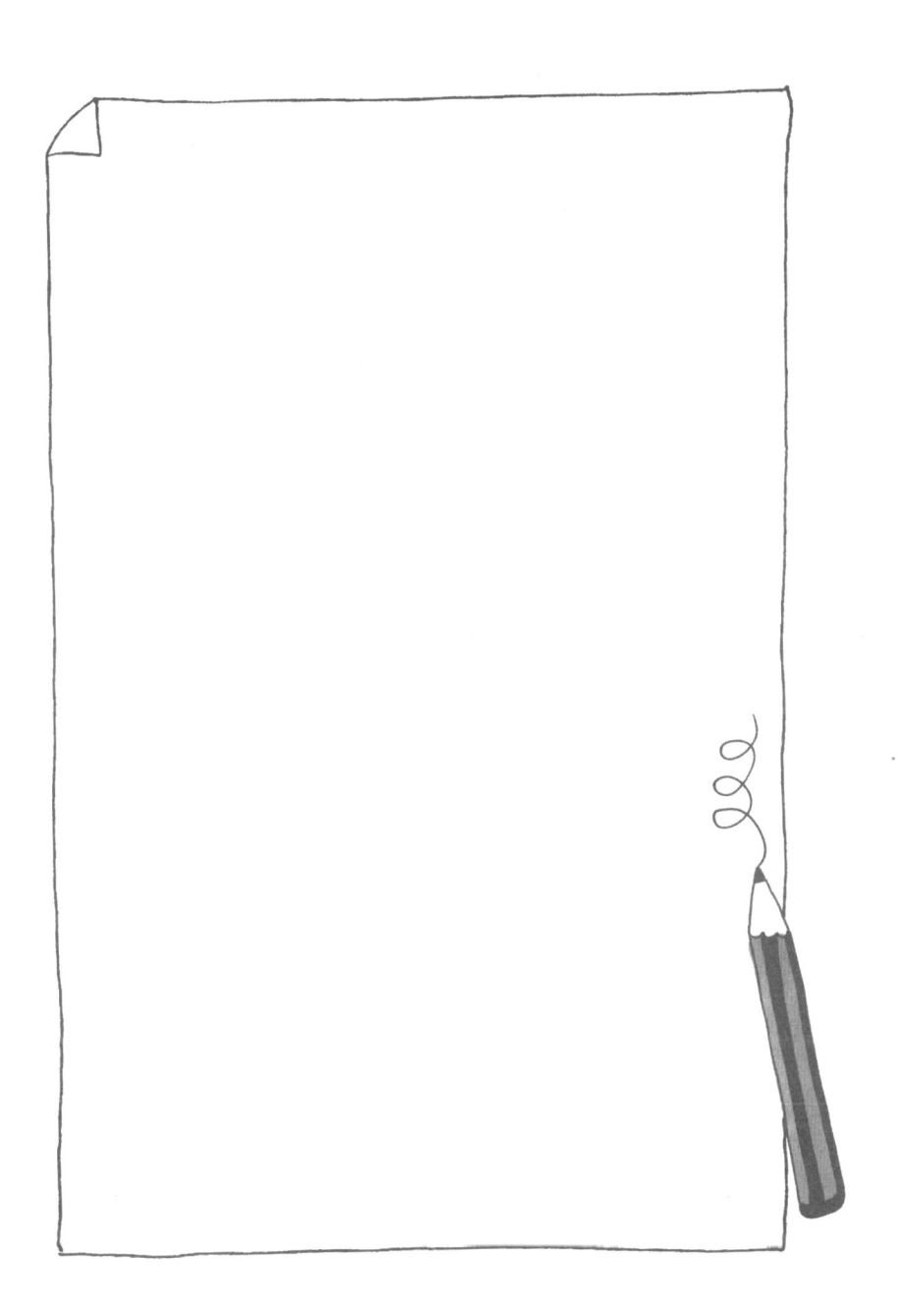

3

拼音的顺序已经被打乱啦!
你可以重新整理它们来拼出词组吗?

B O I H U

U I T Z O

H X U C U

4

它们是什么意思?

请把词和它的意思连起来。

| 分红 | 不使用金钱,而是以一些东西交换另一些东西。 |

| 以物易物 | 分配给股东的公司利润。 |

| 比塞塔 | 支出和收入的规划。 |

| 预算 | 西班牙在欧元之前使用的货币。 |

5

在一个存钱罐中，每周都放入和周数相同金额的钱。

例子：

第 1 周 =1 元

第 2 周 =2 元

8 周后，你会攒下多少钱？你可以让它翻倍吗？

拿一张纸，把它对折。重复这个过程。
你能折叠多少次？

6

如果折叠的纸没有说服你，请尝试使用下一页上的棋盘进行棋盘挑战。

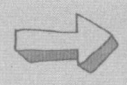

➡ 用米粒、豆子、弹珠或其他任何小东西。

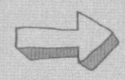

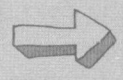

➡ 在第一个格子里，放1个。

➡ 在第二个格子里，放2个。

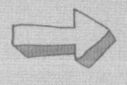

➡ 在下一个格子里放上一个格子里两倍数量的东西，以此类推。

你需要多少东西才能填满棋盘呢？

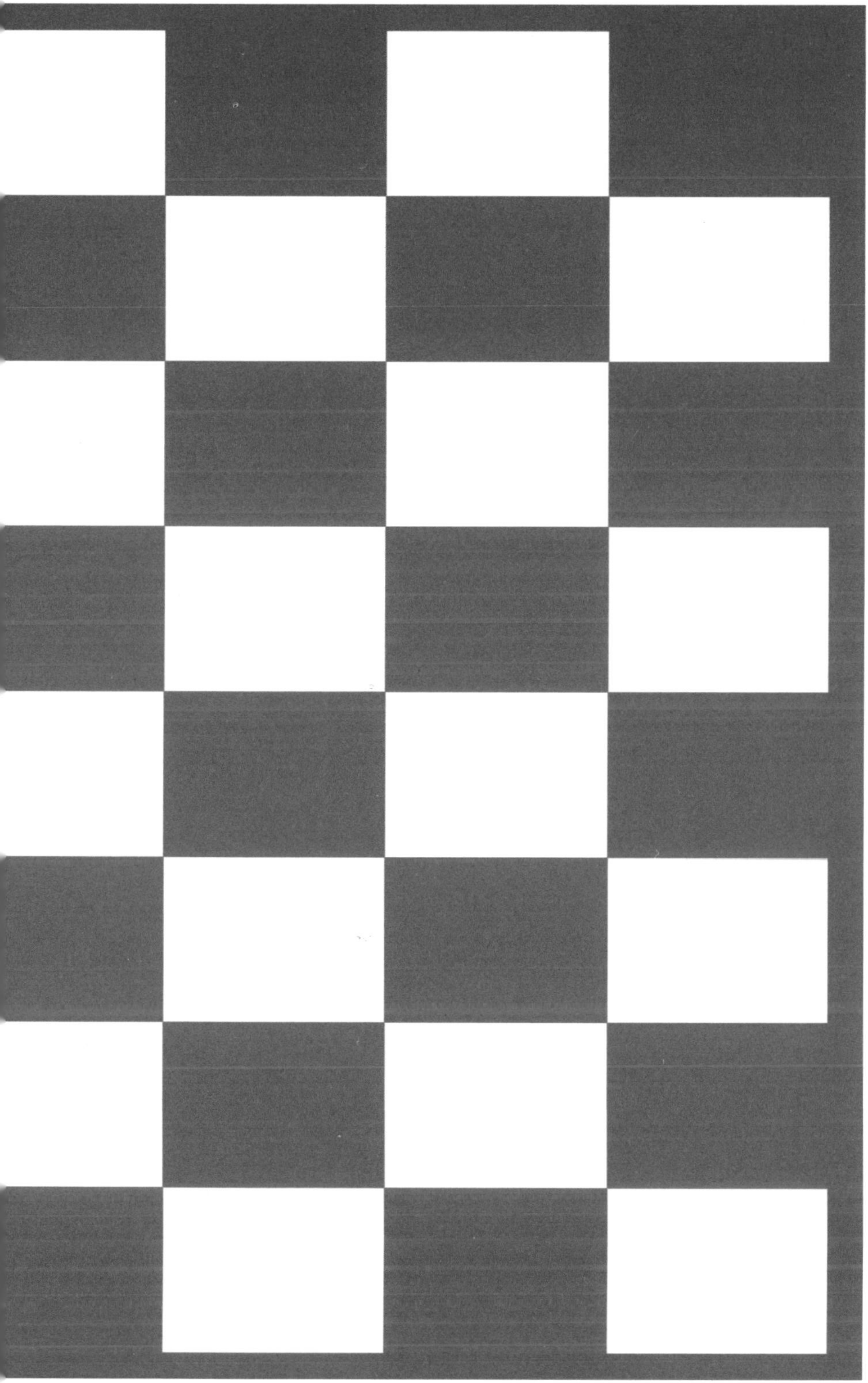

小测验

1 最好的货币是什么?
   A. 纸币
   B. 黄金
   C. 盐

2 什么是"被动收入"?
   A. 一种什么都做不了的收入。
   B. 一种不用工作就能获得的收入。
   C. 所有的收入都是被动收入。

3 哪些是以物易物的问题？
A. 我们并不能总是找到合适的、能与之交易的对象。
B. 很难确定物品的价值。
C. 以上都是对的。

4 经济中最重要的部分是什么？
A. 钱
B. 工作
C. 人类活动

· 12 ·

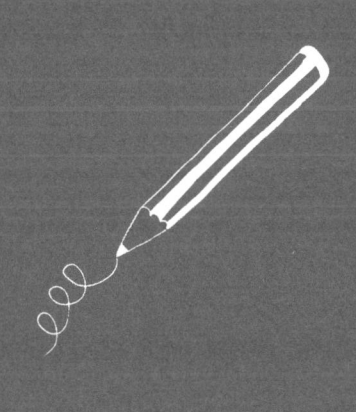

答案

1

75块巧克力

2

275.7元

3

HUOBI（货币）
TOUZI（投资）
CHUXU（储蓄）

4

分红：分配给股东的公司利润。

以物易物：不使用金钱，而是以一些东西交换另一些东西。

比塞塔：西班牙在欧元之前使用的货币。

预算：支出和收入的规划。

5

36 元。

你只能翻折 9 次。

假设纸有 0.1 毫米厚，在翻折 42 次后（假如你能做到的话），它的厚度将会是你到月亮的距离！

6

答案在第 121 页。

小测验

1. B. 黄金拥有能成为货币的全部属性。
2. B. 一种不用工作就能获得的收入。
3. C. 以上都是对的。
4. C. 人类活动。